基层反腐败与国家治理现代化论文集

"清风荷韵·中原廉文化"系列活动组委会　编

河南大学出版社
HENAN UNIVERSITY PRESS
·郑州·

图书在版编目(CIP)数据

基层反腐败与国家治理现代化论文集/"清风荷韵·中原廉文化"系列活动组委会编．—郑州：河南大学出版社，2019.4
 ISBN 978-7-5649-2688-5

Ⅰ.①基… Ⅱ.①清… Ⅲ.①反腐倡廉—中国—文集 Ⅳ.①D630.9-53

中国版本图书馆 CIP 数据核字(2019)第 061125 号

责任编辑　李　云　王　珂
责任校对　马　博
封面设计　翟淼淼

出　版	河南大学出版社
	地址：郑州市郑东新区商务外环中华大厦2401号　邮编：450046
	电话：0371-86059701(营销部)　网址：www.hupress.com
排　版	河南大学出版社设计排版部
印　刷	郑州市毛庄印刷厂
版　次	2019年6月第1版　　印次　2019年6月第1次印刷
开　本	787mm×1092mm　1/16　　印张　12.75
字　数	172千字　　　　　　　　定价　45.00元

版权所有·侵权必究
本书如有印装质量问题，请与河南大学出版社营销部联系调换

《基层反腐败与国家治理现代化论文集》
编辑委员会

马明超　赵克中　王　毅

王　海　王之梦　曾庆峰

李俊志　赵　显　张学哲

序

党的十八大是我国进入改革开放新时期以来反腐败的一个重要分水岭。十八大后持续进行的全面从严治党和高压反腐,首度扭转了腐败增量长期得不到遏制、腐败存量不断积累的严峻反腐形势,从而为我国最终取得反腐败成功、建成廉洁政治,赢来了一个宝贵的、关键的开端。

十八大后的反腐败和历史上的多数反腐行动相类似,也是由党中央发动,自上而下展开的。因此,只有不断向下传导压力,推动全面从严治党和反腐败向基层延伸,才能实现反腐败行动全覆盖,取得全面的反腐败效果。

十八届中央纪委六次全会首次提出"推动全面从严治党向基层延伸"。习近平总书记在讲话中指出:"基层干部不正之风和腐败问题还易发多发、量大面广。有的搞雁过拔毛,挖空心思虚报冒领、克扣甚至侵占惠农专项资金、扶贫资金;有的在救济、补助上搞优亲厚友、吃拿卡要;有的高高在上,漠视群众疾苦,形式主义、官僚主义严重;有的执法不公,甚至成为家族势力、黑恶势力的代言人,横行乡里、欺压百姓。"总书记在讲话中同时明确了县委和县委书记在落实基层全面从严治党和反腐败中的"一线指挥部"和"一线总指挥"责任。基于之前中央和省市层面反腐败所形成的巨大声势,基层高压反腐在全国各地迅速展开,取得了不错的进展和成绩。

党的十九大后,基层反腐败继续向纵深发展。习近平总书记在十九届中央纪委二次全会的讲话中强调:"要推动全面从严治党向基层延伸,严厉整治发生在群众身边的腐败问题。要把扫黑除恶同反腐败结合起来,既抓涉黑组织,也抓后面的'保护伞'。"二次全会后很快启动的扫黑除恶三年专项行动,成为深化基层反腐的重要抓手,极大地推动了基层反腐的深入开展。

党的十八届三中全会首次把"完善和发展中国特色社会主义制度,推进国家治理体系和治理能力现代化"明确为全面深化改革的总目标。将推进国家治理现代化作为全面深化改革的总目标,对于我国的政治发展具有重大而深远的理论意义和现实意义。

有鉴于此,2018年"清风荷韵·中原廉文化"主题论坛将"基层反腐败与国家治理现代化"选为会议主题,是十分及时和重要的。本次论坛延续前三届的做法,继续向全国的理论工作者和实务专家开放。与会专家提交了他们的最新研究成果,会议围绕基层反腐败在国家治理能力现代化中的地位与作用、扫黑除恶与民生领域微腐败治理、脱贫攻坚中存在的问题及对策等专题进行了交流和研讨,形成了一些重要的共识。本册论文集正是论坛主要理论成果的集萃,笔者相信这些成果能带给读者朋友们不少的启发和助益。

其实,无论是基层反腐败还是国家治理现代化,都是很大的课题,都需要我们持续的理论研究和实践探索,而不可能经由一次论坛或一批研究成果就能完成。本次论坛虽然已经结束了,也形成了不错的成果,但相关的研究和实践还应当持续深入进行。

从实践层面来看,基层反腐败与国家治理现代化探索,对于整个国家都具有相当重要的价值。例如,我国农村基层自1988年开始,就在民主治理方面开始了重大的实践探索。可以肯定地说,我国农村基层的民主实践在我国民主发展的全部历史中都是伟大的创造和重大的突破,至今也处于领先的水平。尽管农村民主治理实践还存在不少问题,处于转型发展中的农村环境也带给村级民主实践很多新的课题和挑战,但是这些都丝毫不能影响其对整个国家治理现代化的巨大价值。

我国的民主治理实践在多个层面展开,类型也大不相同,有党内民主、人民民主、政协协商民主、村级民主等。各类民主间有必要互学互鉴,尤其有必要向村级民主学习。应当说,民主化是现代化的重要内容之一。因此,为了切实推动国家治理现代化,特别是在民主化方面的发展,加强对村级民主治理的研究就变得十分的重要。期待未来的"清风荷韵·中原廉文化"系列活动,特别是主题论坛能继续聚焦这类主题,形成质量更高的理论成果,以更好地为实践探索服务。

任建明

2019年5月于北京

目　录

治理现代化是提升乡村防治腐败能力的保障 …………卜万红（1）

政治生态建设与县域治理创新研究
　　——以河南省淅川县为例 ………………………万银锋（13）

治理现代化视角下的基层反腐 ……………………………王　勇（26）

规范小微权力运行是从源头上遏制基层腐败的治本之策
　　………………………………………………………史浩川（41）

新形势下农村"微权"异化及其治理建议 ……………朱永飞（49）

基层大数据反腐的实践应用与发展策略研究 …………庄德水（58）

监察权的监督制约研究 …………………………………张伟斌（69）

习近平新时代中国特色社会主义思想中的国家治理体系与
　　治理能力现代化理论研究 …………杨英杰　孔继海（81）

夺取反腐败斗争压倒性胜利：原则、挑战与突破口
　　………………………………………杜治洲　吴晶晶（96）

基层扶贫政策执行"最后一公里"研究 ………陈　静　李　晓（108）

基层信息公开与"微腐败"治理
　　——基于村务与政务公开有机衔接的视角
　　………………………………………袁方成　郭易楠（123）

论检举举报平台及其建设 …………………徐玉生　严旻佳（146）

基层反腐除恶　助力国家治理
　　——从国家治理角度抓好基层反腐除恶的理解与思考
……………………………………………………徐喜林(160)
提高村级治理能力必须加强农村党支部书记队伍建设
……………………………………………………郭献功(171)
完善乡村治理体系是乡村反腐败的根本路径…………程传兴(181)
进一步推进国家监察体制改革的对策……………………蒋来用(189)

治理现代化是提升乡村防治腐败能力的保障

卜万红[①]

摘 要:防治"微腐败"是新时代乡村社会防腐的重要任务。微腐败的滋生和蔓延,既与乡村治理体系不完善有关,也与乡村治理能力不足有关。在推进全面从严治党向基层延伸的过程中要有效防治腐败,我们必须在保持惩治"微腐败"高压态势的同时,着手解决乡村治理体系中存在的问题,完善乡村治理体系,提升乡村基层治理能力。完善乡村治理体系,重点是建立健全干部任期制度、信息公开制度、防止利益冲突制度和制约监督制度等基本制度,补齐乡村治理体系的短板。提升乡村治理能力就是要毫不动摇地坚持人民群众在乡村治理中的主体地位,坚持集体行动原则,强化追责问责,发挥政治文化的维护和保障功能,不断增强人民群众运用乡村治理体系解决乡村社会问题的能力。推进乡村治理体系和治理能力现代化是全面提升基层党组织自我净化、自我完善、自我革新、自我提高能力的根本保障,是从源头上防治"微腐败"的必由之路。

关键词:微腐败;基层治理;现代化

防治群众身边腐败问题一直是党风廉政建设和反腐败斗争的重要内容。为此,党的十九大报告将"加大整治群众身边腐败问题的力

[①] 卜万红:河南大学廉政研究中心教师。

度"确定为基层党风廉政建设和反腐败斗争的重大任务。为完成这项任务,我们必须坚持标本兼治,既要通过保持高压态势严厉惩治腐败以"治标",又要通过完善基层治理体系提升基层治理能力以"治本"。从根本上说,完善基层治理体系,提升基层治理能力,推进基层治理现代化是有效防治乡村腐败的根本保障。

一、乡村治理体系缺陷引发腐败

乡村治理体系是国家治理体系的重要组成部分,是党在乡村执政的制度保证。自中华人民共和国成立以来,经过长期探索,我们党逐渐建立起了与我国历史传统相衔接,与乡村社会基本情况相适应的基层治理体系。在国家现代化进程中,我们党又不断对这一体系进行发展和完善,使之与国家现代化总体进程相适应,与乡村社会的变革实际相协调。

(一)乡村治理体系的建立及其适应性发展

自中华人民共和国成立以来,如何建立健全乡村治理体系、如何提升乡村治理能力始终是推进国家治理体系和治理能力现代化的重大课题。何谓国家治理体系和国家治理能力?习近平总书记指出:"国家治理体系是在党领导下管理国家的制度体系,包括经济、政治、文化、社会、生态文明和党的建设等各领域体制机制、法律法规安排,也就是一整套紧密相连、相互协调的国家制度;国家治理能力则是运用国家制度管理社会各方面事务的能力,包括改革发展稳定、内政外交国防、治党治国治军等各个方面。"这两者是相辅相成的。由此可知,乡村治理体系是我们党领导人民群众在解决乡村社会公共事务过程中建立的一整套制度体系。它包括支撑乡村经济社会发展的体制机制、相关的制度安排以及与之相适应的政治文化等。乡村治理能力是党领导人民群众运用乡村治理体系解决乡村社会公共事务的能力。我国乡村基层治理体系是在中华人民共和国成立后逐渐建立和发展起来的,从总体上看,先后经历了两个重要阶段。中华人民共和国成立后的一段时期内,乡村治理体系主要与我国计划经济体制相适应,是计划经济体制的重要组成部分。随着社会主义市场经济体制的建立与发展,乡村治理体系逐渐实现了适应性变革,成为社会主义市场经济体制的重要组成部分。从总体上看,我国乡村治理体系主要由两个部分组成:一是以县、乡两级政府为主体的国家行政体系;二是以城乡社区组织为主体的社会自治体系。国家行政体系和社会自治体系的有效衔接使得两者融为一个有机整体。乡村治理体系的建立及其适应性变革,为基层党组织带领人民群众解决基层公共问题,实现乡村社会的稳定和发展提供了制度保障。

(二) 当前乡村治理体系存在的主要问题

经过了三十多年的艰难探索,我国乡村治理体系改革取得重大进展。总体上与基层社会变革的实际相适应,但仍然没有从根本上改变这一治理体系的固有特征。建立于计划经济时期的乡村基层治理体系是一个行政化色彩浓厚、权力高度集中的全能型治理体系。从总体上说,它有三大主要特点:一是政社不分。这表现为政府与基层自治组织之间边界、角色不清晰,"指导与协调"的法定关系难以落实到位,政府行政机制时常还会取代社会自治机制成为基层治理的主要机制。二是政企不分。这表现为政府与市场主体角色不清晰,政府行政机制取代市场机制在资源配置中发挥着重要作用,或者使资源配置带有浓厚的行政色彩。三是社企不分。这表现为社会自治组织与市场主体之间角色不清晰,自治机制与市场机制功能发挥不到位。当前的乡村治理体系仍是一个权力过分集中的治理体系,乡村治理的主导权高度集中在各级党政机关和行政色彩浓厚的城乡社区组织之中,集中在这些组织的"一把手"之中。权力过分集中降低了基层群众参与基层事务的积极性和主动性,弱化了基层群众运用基层治理体系解决基层公共问题的能力。权力过分集中导致基层治理体系中社会自治机制和市场机制功能得不到有效发挥,甚至扭曲变形,从而引发不正之风和腐败问题。权力过分集中也降低了乡村治理体系的自我净化能力,腐败问题一旦发生,就很难通过体系的自我调节机制来解决,从而使廉政风险不断聚积,形成累积效应。

二、完善乡村治理体系以防治腐败

完善乡村治理体系是推进乡村治理体系现代化和有效防治"微腐败"的制度保障。这就补齐了乡村治理体系核心制度的"短板",进一步完善了乡村治理体系中的基础性制度,可以堵塞制度漏洞,有效防治腐败。

(一)建立健全干部任期制度

任期制是乡村治理体系中的一项基础性制度。它主要是对基层干部任职的年限和届数进行规范,是一套有效制约权力、防治腐败的制度。经过长期艰难探索,任期制逐渐深入我国乡村基层治理体系中,它在实践中不断发展,成为防治腐败、提升基层治理绩效的一项重要制度。当前,我国乡村治理体系中的干部任期制还不完善。一是没有实现对基层干部的全覆盖。这在一般干部管理中表现尤为突出。二是覆盖领域不全面。这在乡镇政府中的一些重要机构中表现尤为明显。三是任期制执行不规范。干部超长任期和超短任期现象并存。四是城乡社区组织成员任期制度不完善。这突出表现为有任期制要求,但没有严格任期届数限制,一些地方甚至出现了社区干部终身制现象。

任期制度不完善容易诱发不正之风和腐败问题。基层治理实践中的"四风"问题、庸懒散奢现象以及胡作非为等"权力骄狂症"都与干部长期在一个领域、部门或岗位任职有关。与之相反,超短期任职往往容易造就"走马灯式"干部,过渡性安排的政治预期使得这些干部对岗位工作缺乏长期规划,容易产生追求"短、平、快"的政绩冲动,从而引发大量的"政绩工程""形象工程",甚至是"烂尾工程"。因此,无论是超长任期还是超短任期,都容易引发"四风"问题和腐败问题。对于乡村治理体系中的这一制度缺陷,我们必须给予高度重视。

推进乡村治理体系现代化,必须建立健全干部任期制。这就要探索在县乡一般干部,尤其是在乡镇一般干部和城乡社区自治组织领导班子中实行严格任期制的实现途径,将任期制原则贯彻到乡村治理的各个层级、各个领域和各个环节。建立科学完善的"权力中断"机制,将能上能下、周期轮替等干部选任的一般原则落实到乡村治理体系之中。将任期制与干部选任制度、管理制度有机结合起来,协同发力,用科学的制度体系防止"带病提拔""带病上岗",防止权力"带病运行"。此外,还应探索建立权力"熔断机制",及时处置那些群众意见集中、反映强烈的干部,加强干部管理制度对人民群众意愿和要求的回应性,防止小问题演变成大问题,防止"横行乡里、欺压群众"干部的出现。

(二)改革完善信息公开制度

信息公开制度是基层治理体系中的一项基础性制度,也是防治腐败的一项重要制度。在走向现代化的过程中,信息公开制度已被引入我国农村基层治理体系,并随着实践的发展而不断完善。

从总体上看,乡村信息公开制度体系主要包括党务公开、政务公开、居务公开、村务公开和厂务公开等一系列核心制度。当前,这一制度体系还存在诸多缺陷,其突出表现有四个方面。一是信息公开不主动。有些单位和部门不愿意公开信息,甚至连有明确制度要求的公开事项都不愿意公开。二是信息公开不全面。有些应该公开的信息还没有完全公开,有些信息仍然处于不公开状态。三是信息公开不完整。即信息公开过于分散和琐碎,处于"碎片化"状态。四是信息公开不系统。即基层治理单元中的各个子单元的信息相互封闭,"信息孤岛"普遍存在。信息公开制度缺陷造成大量信息盲区,而信息盲区必然会带来监督盲区,这就从根本上弱化了监督效能,给权力运行带来了巨大的廉政风险,为"微腐败"的滋生和蔓延提供了适宜的制度条件。

推进信息公开制度建设,压缩党员领导干部利用信息优势进行寻租的空间。这需要我们努力做到：一是强化信息公开制度的顶层设计。这就要紧紧围绕保障人民群众知情权这一中心问题，完善信息公开立法制度，确保信息公开依法依规进行。二是探索符合治理主体自身特点的信息公开方式。这就要确保不同的治理主体选择不同的信息公开方式。三是推进信息公开平台建设。应运用"互联网＋"思维，推进政府大数据平台建设，创建以行政单元或行业系统为基础的统一的信息公开平台，有效整合各类信息资源，确保信息公开的全面性、完整性和系统性，消除信息盲区。这是防治腐败的基础性工作。

（三）完善防止利益冲突制度

利益冲突是腐败之源。防止利益冲突是推进乡村治理现代化的内在要求。加强制度建设，有效防止党员领导干部集体利益与个人利益、公共利益与私人利益之间的冲突，防止权力滥用，这是乡村治理过程中防治腐败的基本要求。在治理现代化的进程中，我国乡村防止利益冲突制度已逐步建立起来。这主要包括：一是建立健全回避制度。对乡村公职人员的任职回避、公务回避和地域回避做出相应的规定。二是关于禁止领导干部经商办企业的规定。根据相关法律和党内法规的要求，对领导干部本人及其配偶、子女经商办企业做出限制性规定。三是关于兼职取酬的规定。对党员领导干部在企业、社会组织中兼职以及由此产生的福利待遇问题做出具体规定。四是关于离职就业的规定。五是个人重要事项报告制度。六是对"一把手"的限制。此外，各地加强了对"裸官"的管理。从总体上看，这一制度仍不健全，尚存一些制度盲区，已有制度执行力度严重不足，由此引发的不正之风和腐败问题比较突出，主要体现在五个方面。一是县乡干部任职本地化产生了大量的优亲厚友问题。二是干部或其配偶、子女经商办企业，与民争利问题依然存在。三是"三公"交易中的"利益输送"问题时有发生。四是党员领导干部利用其掌握的政务信息通过内幕交易获取不当利益的行为难以杜绝。五是部分党员领导干部放任、包庇、纵容下级工作人员违规谋利问题时常发生。

建立健全防止利益冲突制度,首先是加强行政伦理建设。这就要教育引导党员领导干部正确处理家事与国事、集体与个人、私事与公事、私利与公益之间的关系,坚持做到依法用权、规范用权、廉洁用权。其次是将乡科级干部和乡镇重要岗位、关键环节的党政干部纳入领导干部重要事项报告制度的覆盖范围和管理范围之内。再次是严格执行回避制度,有效解决干部本地化带来的利益冲突问题。加大防止利益冲突制度的执行力,有效规范和约束权力。这是从源头上防治"微腐败"的重要举措。

(四)改革完善权力制约监督制度

有效的制约监督是确保权力规范使用的重要保障。权力得不到合理制约或者监督不到位是引发不正之风和"微腐败"的重要原因。强化制约监督是防治腐败的重要举措。从总体上看,我国乡村社会的权力制约监督制度体系主要由两个部分组成。一部分是县乡两级党委政府的监督体系。这是国家监督体系中的重要组成部分。它是依照党内法规和国家法律设置的专门机构,依法开展监督活动。从监督主体来看,它包括县乡两级党委、纪检监察机关和政府行政机关等。另一部分是城乡社区组织监督体系。这主要是通过民主选举、民主决策、民主管理和民主监督等民主机制实现制约监督。由于乡村社会是一个"半熟人"甚至是一个"熟人"社会,传统的人情、面子严重影响了监督制度的执行力。在实践中,乡村监督制度运行的实效性不强,引发了一系列腐败问题。"微腐败"频发和"苍蝇"满天飞的事实表明,基层权力制约监督制度没有实现预期的制度绩效。乡村社会存在的雁过拔毛、虚报冒领、克扣侵占、优亲厚友、吃拿卡要、形式主义、官僚主义、执法不公及少数干部"黑恶化"等问题引发人民群众的不满。

改革完善乡村权力制约监督制度,既要解决思想问题,又要解决监督制度问题。一是加强思想建党。这就要切实解决好干部的权力观问题。教育引导广大党员干部牢固树立"有权必有责,用权受监督,失职要问责,违法要追究"以及"信任不能代替监督"的新理念,主动接受监督。二是强化制度治党。这就要坚持实现同体监督与异体监督、自上而下的监督与自下而上的监督、横向监督与纵向监督、体制内监督与体制外监督的有机结合与有效协同,着力提高监督体系适应乡村治理实际的能力。三是落实党委管党治党的主体责任以及党委书记是第一责任人的责任。完善党内监督压力传导机制,坚决消除"中梗阻"。四是落实纪委监督责任。对违纪违法的党员干部一定要依法严肃问责,防止出现"破窗效应"。五是提高巡察监督实效性。必须建立健全省、市、县巡视巡察联动体系,着力提高发现问题的能力,发挥好巡视巡察的"利剑"功能。此外,要完善制度,做好对"关键少数"、重点领域、关键环节的监督工作。

当然,从立法程序上说,完善乡村治理体系,是各级党政机关共同发力、良性互动的过程。一方面依赖上级党政机关出台相应的上位制度,为乡村治理体系的完善提供法理依据。另一方面,基层党政机关应根据相关的党内法规和国家法律精神,推进制度创新,建立完善相关制度体系,加快推进乡村治理体系现代化步伐,使之与乡村社会现代化的总体进程相适应。

三、提升乡村治理能力防治腐败

乡村治理能力是指乡村党政组织领导带领人民群众运用基层治理体系解决乡村社会基本问题的能力。提高乡村治理能力就是要践行以人民为中心的治理理念,坚持集体行动原则,着力提高基层党组织团结带领群众运用乡村治理体系解决乡村问题的能力。推进乡村政治文化建设,发挥乡村政治文化的维护和稳定功能,为基层治理体系的有效运转和治理能力的持续提高提供保障。

(一) 牢牢坚持人民群众的乡村治理主体地位

让人民当家做主，在乡村治理中发挥主体作用，这是社会主义政治制度本质属性在农村治理中的具体体现。"让人民监督政府"是我国国家治理的核心理念，是党的群众观点和群众路线在国家治理实践中的具体体现。牢固坚持人民群众的乡村治理主体地位是确保基层党组织先进性和纯洁性的重要保障。我国乡村治理体系的建立和完善，既是有效解决基层事务的客观要求，又是顺利推进社会主义现代化的制度保证。人民群众是乡村治理的实践主体。从本质上说，乡村治理就是基层党组织团结和带领人民群众解决农村社会公共问题的伟大实践。乡村治理体系的生命力和有效性源自于人民群众的认同和参与。因此，乡村治理体系为以民主选举、民主决策、民主管理、民主监督为核心的村民自治制度的有效运转提供了制度保障。随着改革的全面深入，乡村治理体系运转的内外部条件都在发生变化，最主要的变化就是现存社会从原来的国家"资源汲取地"转变为"资源投放地"，乡村成为国家向社会投放建设资源的主要场域。这种变革对党群关系产生了重大影响，突出表现在少数基层党员干部群众观念的变化，他们开始轻视甚至是忽视人民群众乡村治理的主体地位，有的甚至将其排除在乡村治理体系之外。从根本上说，人民群众治理主体地位弱化、边缘化是农村社会"四风"问题和腐败现象滋生蔓延的深层次原因。

党员领导干部和人民群众之间水乳交融、良性互动的关系既是推动乡村治理达到善治的重要条件，也是保持党的先进性和纯洁性的重要条件。在乡村治理实践中，强调党组织在乡村治理中的领导核心地位，丝毫不排斥人民群众在乡村治理中的主体地位，丝毫不排斥人民群众在乡村治理中的深度参与，反而要以此为前提。坚持人民群众的治理主体地位，必须加大制度供给的力度，将人民群众的行为纳入法治轨道，切实提高人民群众在乡村治理中的积极性、主动性和创造性，确保人民群众共享乡村治理的实践成果。坚持人民群众的乡村治理主体地位是有效防治腐败,加强党同人民群众的血肉联系,筑牢党的执政基础,推进乡村治理现代化的必要举措。

(二)坚持各类治理主体集体协同原则

集体行动和有效协同是我国乡村治理主体间关系的基本准则。它既是乡村治理体系中的重要内容,也是乡村治理能力的重要保障。随着社会主义市场经济体制的建立和发展,乡村治理主体实现了从单一主体向多元主体的转变。因此,坚持各类治理主体集体行动,实现多元主体有效协同治理,成为推进乡村治理现代化必须要坚持的基本原则。在乡村治理现代化的过程中,伴随着社会阶层分化和各类社会组织的出现,乡村治理主体实现了从单一主体向多元主体的重大转变。基层政府、社区自治组织、其他社会组织和广大居民都成了乡村治理主体。治理主体多元化客观上要求各主体必须按照集体的原则,形成稳定的主体间关系结构,实现有效制衡,确保各方的合法权益得到有效的维护和保障。从本质上说,乡村治理过程是各个治理主体在党组织领导下的合作式治理而不是排他式治理。各个治理主体之间是密切合作关系而不是相互竞争关系,他们既是利益共同体,也是命运共同体,更是责任共同体。坚持集体行动原则,各个治理主体共同参与、良性互动、有效协同是基层治理达到善治状态的重要条件。这种良性治理主体间的关系模式既是实现基层善治的重要条件,也是有效防止基层党员领导干部走向腐化堕落的重要保障。

党组织是基层治理的领导核心,在乡村治理中发挥着总揽全局、协调各方的作用。这种角色与功能的实现要以增强党的长期执政能力,保持党的先进性和纯洁性为前提。在反腐败斗争形势依然严峻复杂的背景下,着力解决基层党组织中存在的思想不纯、组织不纯、作风不纯等突出问题。有效防治"微腐败",必须不断增强基层党组织的自我完善能力。践行集体主义原则就是要按照"党是领导一切的"基本要求,坚决防止基层党组织弱化、虚化和边缘化。必须毫不动摇地践行党的群众路线,在基层治理实践中提升团结群众、组织群众和教育群众的能力,不断提高他们自我管理、自我教育、自我监督的能力和水平。加强协商民主制度建设,开展有效地民主协商,将各个治理主体的愿望和要求汇聚起来,形成乡村改革发展的基本共识,切实提高基层合作治理能力。

(三)完善追责问责制度,增强自我净化能力

必须提升乡村党组织自我净化、自我提高能力。这就是按照"打铁必须自身硬"的要求,加强相关制度建设,用完善的制度追责问责,坚决纠正党员干部的错误行为。零容忍是我们党对待腐败的基本态度,严格追责问责是防治腐败的重要手段。"动员千遍不如问责一次"是十八大以来全面从严治党取得的经验总结。当前,乡村社会全面从严治党任务依然艰巨。这突出表现在:第一,管党治党宽松软问题还没有得到根本解决。第二,少数党员领导干部对全面从严治党仍然持观望甚至是侥幸的态度。第三,乡村政治生活中滋生腐败的土壤还没有彻底铲除。第四,广大人民群众对全面从严治党向基层延伸抱有更多期待。在这种情况下,保持高压态势仍是巩固反腐败斗争压倒性态势、夺取压倒性胜利的重要手段。只有依法追责,严肃问责,才能将零容忍、全覆盖、无禁区的要求落到实处。

在乡村治理中强化追责问责,一是要坚决依法依规惩治腐败分子。坚持以最坚决的态度减少腐败存量,用最果断的措施遏制腐败增量,坚决遏制腐败蔓延趋势。二是始终坚持抓早抓小、抓细抓常抓长,防止小问题变成大问题。三是及时处置各类廉政风险,防止党员干部违纪违法甚至沦为阶下囚。四是加大对重点领域、关键环节问题的问责力度,坚决惩治侵害群众切身利益的违纪违法行为。五是建立健全追责问责压力传导机制,坚决落实"党政同责""一岗双责"和失职追责的基本要求。

(四)发挥乡村政治文化的维护和保障功能

文化是制度之母。乡村政治文化是乡村治理体系的精神支柱,在乡村治理体系的有效运转中发挥着维护和保障作用。防治"微腐

败",既要重视乡村治理体系建设,又要重视乡村政治文化建设,发挥好政治文化的基本功能。自中华人民共和国成立以来,我们党始终高度重视乡村政治文化建设,根据时代和实践的发展,持续不断地推动马克思主义与我国传统政治文化相结合,建设社会主义政治文化,并使之成为乡村治理体系的文化纽带。当前,对乡村政治文化影响和冲击最大的是腐朽没落的传统政治文化,它主要包括官僚主义、宗族观念、家长制、圈子文化、人情法则、特权思想和特权现象等具体文化形态。这种腐朽没落的政治文化为群众身边腐败问题的滋生蔓延提供了强有力的文化支撑。

加强乡村政治文化建设是推进乡村治理体系和治理能力现代化的重要内容。加大乡村政治文化建设力度,逐渐消除传统腐朽政治文化的影响,需要做好如下工作:一是要大力加强党内政治文化建设。这就要用习近平新时代中国特色社会主义思想武装全党,坚定"四个自信",奠定推进全面治党向基层延伸的思想文化基础。二是加大社会主义政治文化建设力度,强化基层党员干部对中国特色基层政治发展道路的文化认同。三是推动传统优秀政治文化的适应性发展,使之与新时代乡村政治发展相适应,与乡村政治现代化相协调,服务于乡村治理的需要。四是用社会主义政治文化指导乡村治理体系建设,推动文化建设和制度建设的相互促进、有效协调,最大限度地挤压腐朽政治文化、习俗、人情和面子等传统治理手段在现存治理体系中的作用空间。

参考文献

1.《习近平谈治国理政》,外文出版社2014年版,第91页。

2.《习近平关于全面从严治党论述摘编》,中央文献出版社2016年版,第199页。

政治生态建设与县域治理创新研究
——以河南省淅川县为例

万银锋[①]

摘　要：良好的政治生态是实现县域有效治理的决定因素，县域执政骨干队伍建设、经济转型发展、社会和谐稳定和扶贫攻坚等都离不开良好的政治生态。河南省淅川县从党风政风和社会风气入手，对县域政治生态建设进行了有效探索。这些经验表明：推动县域治理创新，必须从全面从严治党、规约行政权力、塑造人文精神、促进社会和谐等方面多维度加强县域政治生态建设。

关键词：政治生态；县域治理；路径创新

"郡县治，天下安。"县域作为国家治理中最基本的行政单元，能否实现有效治理直接关系着国家治理体系和治理能力现代化的发展，而要实现县域的有效治理，很大程度上又取决于县域内的政治生态。风清气正的政治生态不仅能够为县域治理提供组织保障和纪律保障，还能为县域发展提供内生动力和人文支撑。近年来，河南省淅川县就以政治生态建设为抓手，着力推进党风、政风和社会风气的根本性好转，有效提升了县域治理的能力和水平，为新时代县域治理创新创造了实践样本。

---

① 万银锋：河南省廉政理论研究中心秘书长。

一、加强政治生态建设是县域治理创新的重要引领

政治生态是政治主体施政的环境与状态,是党风、政风和社会风气的综合反映,影响着党员干部的价值取向和行政行为。习近平总书记强调:"做好各方面工作,必须有一个良好政治生态。政治生态污浊,从政环境就恶劣;政治生态清明,从政环境就优良。政治生态和自然生态一样,稍不注意,就很容易受到污染,一旦出现问题,再想恢复就要付出很大代价。"河南省淅川县作为南水北调水源地和国家级贫困县,过去几年响应国家"四年任务、两年完成"的号召,为保证一渠清水北送做出了重大牺牲和贡献。但是,为了完成急促而繁重的移民任务,一些地方"萝卜快了不洗泥",衍生了一些急功近利、盲目冒进、投机钻营的现象,有些甚至还蔓延成与民争利、以权谋私等腐败行为,不仅给政治生态带来了污染和损害,而且严重影响着全县改革发展的进程和实效。这些现象和问题,在客观上要求我们必须以优化政治生态为着力点,正风肃纪、扬清激浊、崇德向善,从党风、政风和社会风气上"釜底抽薪",为全县新一轮改革发展稳定提供政治保障和人文支撑。

(一)执政骨干队伍建设迫切需要优化政治生态

县级在我们党的组织体系和国家政权结构中,处在承上启下的关键环节,是国家治理体系和治理能力现代化的重要基础。在县域治理的体系和框架内,政治生态的优劣在很大程度上影响着县域治理成效的好坏。一般而言,一个地方若政治生态遭到破坏,就会通过党风、政风和社会风气集中反映出来,造成思想混乱、腐败盛行、人心涣散、弊病丛生的现象,给改革发展稳定带来巨大的阻力和压力。相反,一个地方如果政治生态不断优化,也会通过党风、政风和社会风气集中反映出来,就会思想统一、风清气正、共谋发展、和谐稳定。因此,在县域治理中,政治生态建设至关重要,抓住政治生态建设就等于抓住了县域治理的"引擎"。在过去相当长的一段时间里,由于多

方面原因,河南省淅川县政治生态遭到破坏,特别是一些县主要领导因腐败问题被查处,给淅川执政骨干队伍建设留下了严重的"后遗症"。现在迫切需要把政治生态建设放在重中之重的位置,打造忠诚干净有担当的执政骨干队伍,以推动全县改革和发展的顺利进行。

(二)新一轮经济发展迫切需要优化政治生态

政治生态影响一个地方的经济发展。一旦政治生态遭到破坏、权力违规干预市场,就会产生大量的不正当竞争现象,导致市场秩序混乱、正常经营受阻,给地方经济发展带来严重损害。淅川县是丹江口水库重要淹没区,丹江口水库一半以上库区在淅川县境内。20世纪70年代水库建成后一直以发电为主,淅川县也因淹没而得到补偿,获得了低价供电的巨大利好,由此也衍生了淅川以高耗能为主的工业结构。当南水北调中线调水工程全面建成,保护水源水质成为头号政治任务时,历史形成的高耗能工业体系必须被打破,一些历史上做过突出贡献的企业必须关停。当这些问题与"树不能伐、鱼不能捕、矿不能开、畜不能养"的水源地环境政策形成叠加时,淅川面临的是不得不"腾笼换鸟""凤凰涅槃"的新一轮发展。因此,我们迫切需要把政治生态建设放在更加突出的位置,树立自然和人文同步的政绩观,妥善处理好保水质与促发展之间的关系,以无怨的责任担当、无畏的政治勇气,为推动淅川转变经济发展方式,重塑经济发展优势,凝聚起破茧成蝶的强大动力。

(三)促进社会和谐稳定迫切需要优化政治生态

社会风气与政治生态相互影响、相互反映,共同影响着地方治理成效。一个地方的政治生态恶化,社会风气首当其冲,不正当竞争、治安混乱、上访告状等问题会不断涌现;一个地方社会风气不好,政治生态无疑也要受到浸染,与民争利、为官不为、腐化堕落等腐败行为会接连发生。淅川是全国有名的移民大县,为了南水北调中线工程能够顺利实施,半个世纪以来先后有三次、近40万群众移民他乡。特别在搬迁时间紧、任务重的情况下,"金窝银窝,舍不得穷窝"的故土情结、搬迁补偿与移民心理预期的矛盾、移民衣食住行难以与迁入地融入的难题等纠结在一起,一时又难以得到有效疏导和解决,从而导致淅川移民遗留问题太多、社会矛盾极其复杂,信访总量长期以来一直在全省居高不下。与此同时,自上而下的生态补偿、对口支援等配套项目纷至沓来,而长期以来基层财务管理不规范、村务公开不到位,导致了大量假公济私、与民争利、贪污侵占等"微权"腐败现象,大大加剧了基层社会矛盾。在上述这些情况下,要推动淅川社会稳定、和谐发展,就迫切需要以化解基层矛盾、净化社会环境、治理"微权"腐败为突破口,全面加强基层政治生态建设,不断厚植执政根基和群众基础。

（四）打赢脱贫攻坚战迫切需要优化政治生态

一个地方的政治生态,决定着党员干部的精神和行动。实施脱贫攻坚、实现精准扶贫是全面建成小康社会的重大政治任务和第一民生工程,我们必须以振奋的精神和昂扬的斗志强力推进。河南省淅川县地处鄂豫陕三省交界地,是河南省唯一一个列入秦巴山区的县份,也是典型的国家扶贫开发重点县、河南省深度贫困县,到目前为止仍有6万多的贫困人口。淅川县扶贫攻坚难度之大、脱贫摘帽任务之艰巨,是排在全省最前列的典型之一。在过去相当长的一段时期内,河南省淅川县全体党员干部在带领群众脱贫致富上做出了巨大努力,也取得了比较突出的成就。但不得不承认的是,由于工作面大、周期过长、监督机制跟不上,扶贫工作存在着个别干部作风不实、糊弄应付的问题,出现过一些党员干部吃拿卡要甚至贪污受贿的现象,暴露出一些扶贫财物被挪用、党员干部与贫困户争利的问题。因此,迫切需要重视和加强政治生态建设,扎实转变工作作风、规范扶贫领域的权力行为,为打赢脱贫攻坚战提供政治保障和强大内生动力。

二、淅川县以政治生态建设引领县域治理的实践探索

基于上述背景,近年来淅川县从落实"两个责任"、规范权力运行、塑造人文精神、培育价值认同多个维度综合发力,搭建"两弘扬一争做""三清理一公开"等结合实际的活动载体,弘扬新风正气,涤荡歪风邪气,重塑山清水秀的政治生态,为实现"水清、民富、县强"的目标提供了强有力的引领。

(一)压实管党治党责任,以改善党风推动政治生态优化

党风是政治生态的核心内容和最直接表现。党风好,政治生态就会不断优化;党风差,政治生态就会被污染。两年多来,淅川县全面从严治党就是从落实党委主体责任、纪委监督责任入手,全面整肃党风,强化纪律建设,有力推进了全面从严治党向基层延伸,为优化政治生态发挥了根本性作用。

一是强化管党治党责任担当。新一届县委领导班子按照全面从严治党的总体要求,以全面落实县乡两级党委(党组)主体责任为抓手,强化各级党组织党建工作的主业意识,创立了"挂牌督办、摘牌销号"的党建督查工作法,真正把"抓好党建是最大政绩"的理念落实在行动上,真正把全面从严治党当作分内之事、应尽之责。健全和落实党建工作责任制,进一步明确党委书记和纪委书记的岗位职责,出台了一批有利于党委履责尽责、干部敢抓敢管的机制和措施,重点落实了由党组织书记挂帅牵头的推进落实、考评问责和最终兜底责任。以加强党员干部教育引导为例,2017年以来,县委主要领导带头上党课4次,县处级领导干部讲党课52次,乡科级党员干部讲党课577次。县委书记亲自为全县党员干部上党课已成为常态。

二是端正干部选拔任用之风。把科学选人用人作为党风优化的核心内容,营造导向正确、程序严格、原则鲜明的选人用人的生态氛围。县委书记带头落实选人用人第一责任,坚持与全县每个副科级以上干部见面谈话,向前任县委主要领导尤其是组织部长征求意见,

做到对全县干部队伍底子清、状况明,特别是对关键岗位的干部状况要心中有数;县委领导班子其他成员,则要对相关行业、系统的干部队伍状况开展经常性调研,积极向县委特别是书记提出调整建议、推荐合适人选。在此基础上,结合岗位性质、行业规律、干部结构等,集体讨论形成因岗定责、因责施策、因策选人的选人导向和调整原则,然后交由组织部门严格把关、依规实施。2016年以来,依据县委书记倡导、县委集体研究形成了以水质保护为主导评价干部,在脱贫攻坚第一线识别干部,以群众满意为核心考察干部的导向和原则,指导了7个批次、500余名干部的选拔任用和调整。

三是强化监督执纪问责。一个时期以来,集全县之力推进移民搬迁和调水准备工作,出现了党建工作弱化、党风建设不力、违纪违法时有发生等问题。新一届县委领导班子坚持问题导向、直面现实矛盾,在充分调查研究的基础上,以落实执纪监督责任为目标,由县纪委牵头建立了全县纪检监察干部职责清单、标准清单、业绩清单;出台了履职尽责考核办法和失职渎职责任追究办法;建立了纪委监察机关各室联系县直属单位、各乡镇(街道)和重点行政村的党风廉政建设工作制度,率先探索出台了村级监督委员会实施意见,覆盖到纪律监督体系的"最后一公里"。同时,围绕突出的执行决策不力、服务意识不强两个问题,在全县党员干部中集中开展"干部作风整顿年"活动;紧盯懒政怠政、为官不为,推诿扯皮、效能低下,得过且过、不思进取,权不为民、吃拿卡要的四种表现,专项开展明察暗访,集中实施综合治理。两年来,仅扶贫攻坚领域就约谈工作不力人员80人次,立案查处违规违纪问题28起,党政纪处理59人,移送司法机关3人。

(二)规约行政权力,以扭转政风推动政治生态优化

行政权力运行不规范、监督机制不到位,是政治生态遭到破坏和恶化的制度性根源。近两年来,淅川县把政风转变作为政治生态优化的重点,进一步推进管人管事管权制度改革,强化对行政审批权力、行政执法权力运行的约束和监督,着力厘清政商关系、提高服务

水平,以良好的政治生态保障行政权力运行。

一是加强重点工程项目监督。针对南水北调水源保护、移民补偿等政策性投资多、项目工程大、廉政风险高等问题,加大对重点项目中权力运行的监督力度,相继出台领导干部插手工程建设登记报告制度,党政主要领导"五个不直接分管"和末位发言制度以及公共资源交易监管、征地拆迁等廉政风险专项防控制度等,加强对项目实施重点领域、关键岗位和重要环节的风险防控。同时,坚持巡视巡察制度和其他监督载体的有效结合,探索实施重大项目、重点工程"回头看"制度,做到权责统一、失责必究、及时整改。例如,"移土培肥"工程实施"回头看",先后约谈6个乡镇的主要领导,对8名党员干部给予党政纪处分,责成有关部门启动了10多项整改措施。

二是提高行政权力运行质量。把简政放权、降低服务门槛、提高服务质量作为政治生态建设的基本内容,制定下发了淅川县放管服改革的总体方案和系列实施细则,全面启动以"减证"促"简政"的"三证合一"改革,实施重大项目联审联批和"最多跑一次"的便民服务改革。全县行政审批事项由2015年的216项减少到2017年的150项,两年取消66项。对公务人员应该履行而不履行职责的"不作为",当事人态度蛮横、作风粗暴、故意刁难等"乱作为"以及利用职务和工作便利"吃、拿、卡、要、报"行为展开集中治理。在全省率先启动实施领导干部自然资源离任审计试点工作,探索建立生态文明绩效评价考核和终身责任追究制度。国务院研究室曾深入淅川就"放管服"改革进行专题调研,形成的专题报告得到国务院领导批示。

三是全面开展"微权"治理。聚焦侵害群众利益的不正之风和腐败问题,加大对"小微"权力的监督力度。从2017年开始,由县委书记挂帅,县纪委书记、组织部牵头,县纪委负责全面实施的"三清理一公开"活动,在全县500个行政村创新性地集中开展清理村级财务、惠农项目、不合格党员的专项整治活动,从而深化党务政务村务公开,促进基层政治生态优化。先后有450名经过集中培训的机关干部组成86个工作组开展驻村工作,对全县500个村4495个村民小组近五年的问题进行拉网式排查。活动中清理村级资产、债权债务、项目资金共计97767万元,初步认定不合格党员24人,直接为国家和集体追回资金233万余元,纠正不符合惠民资金适用对象200余人,纪律处分90人,移交司法机关14人。

(三)塑造人文精神,以转变社风推动政治生态优化

人文精神是地域文化的内核,也是人们在征服自然中积淀的强大正能量。一个地域的人文精神与这个地域的政治生态密切相关。为树立正确的价值取向和行为导向,为优化政治生态提供坚实的人文基础,淅川县把崇德向善作为县域精神之魂。全县持续开展以弘扬移民精神、弘扬好家风家训、争做"最美淅川人"为主要内容的"两弘扬一争做"活动,形成了县域治理的强大精神动力。

一是大力弘扬移民精神。淅川县作为南水北调中线工程渠首所在地和核心水源区,为保清水北送,历经半个多世纪,先后有近40万淅川儿女抛家舍业搬迁他乡,用心血和汗水铸造了"忠诚担当、大爱报国"的南水北调移民精神。为了弘扬移民精神,激发内生动力,淅川县大张旗鼓地开展弘扬移民精神的系列活动。组织省内外专家学者,深入研究移民精神,不断挖掘移民文化,充分利用移民民俗馆、渠首展览馆、南水北调精神教育基地、移民文化苑等阵地,组织开展党员干部教育体验活动200多场次;组建南水北调移民精神报告团,在省市县乡巡回演讲100多场次,营造了以移民精神为主的特殊精神家园。

二是积极弘扬家风家训。淅川是楚国始都丹阳所在地和楚文化发祥地,曾孕育了商圣范蠡、史学家范晔、唯物主义思想家范缜等一批有重要影响的历史人物,至今保有优良的家风家训。对此,淅川县组织开展"好家风家训征集寻访评选展示"活动、党员干部"立家训晒家风"活动和"好家风家训进校园进课堂"活动。通过发动党员干部、千家万户普通老百姓和社会各界知名人士,从个人立德修身、家庭持家治业、社会立身处世三个层面,对好家风家训搜集整理、评选展示,

在全社会营造了文明礼仪、孝老爱亲、家庭和睦、社会和谐、崇德向善的浓厚氛围,由此带动党风、政风、民风持续好转,为政治生态形成了特殊土壤。

三是争做"最美淅川人"。以先进的典型示范带动大家争做"最美淅川人",带动社会风尚的不断优化。从 2016 年开始,淅川县通过评选"感动淅川十大人物"和道德模范,建设崇德尚贤馆、先进人物风采展示橱窗,开展"最美人物"先进事迹报告会等载体,着力打造淅川人民的精神偶像,评选出了一批"好媳妇""好婆婆"等现实典型,创作了"最美乡贤""最美家庭"等一批艺术形象。城市乡村、学校商店、机关厂矿等一批业绩突出、影响广泛、在各行业能示范引领的"最美淅川人"被挖掘出来,其先进事迹通过干部论坛、道德讲堂等形式在全社会发扬光大。此外,淅川县还出台了《关心关爱先进典型模范人物实施办法》等政策,确保先进典型在政治上有地位、经济上得实惠、社会上受尊敬,在全社会营造学习、关心、争当先进典型的浓厚氛围,为政治生态优化提供了社会土壤。

(四)培育价值认同,以教化民风推动政治生态优化

价值认同与政治生态密切相关,政治生态建设必须着力培养高度的社会价值认同。政治生态良好,政府执政目标与民众诉求相对一致,民众与政府互动热情高涨,公共政策能够得到民众认可和支持。近年来,淅川在全县大力弘扬核心价值观,着力强化在德育教育基础上形成高度的价值认同,为政治生态优化提供坚实的基础。

一是引导群众政治参与。群众政治参与是影响政治生态的主要因素。为此,近年来,淅川县一方面对事关全县大局的规划和决策,最大限度地征求社会各界、基层群众的意见和建议,最大限度地获得人民群众的理解和支持。例如,扶贫攻坚战中的整村搬迁、生态旅游、企业解困、房地产去库存、移民村提升一举多赢"组合拳",都是通过基层群众反映、各乡镇梳理、相关部门调研等一系列民主环节上升到县委政府决策,最终得到扶贫对象的拥护和认同。另一方面坚持

改革和发展成果惠及全县百姓,以实实在在的利好和实惠,最大限度地赢得人民群众对县委县政府政策、举措的高度认同。

二是夯实公民道德基础。国无德不兴,人无德不立,政治生态优化离不开公民道德基础。为此,淅川县把崇文尚德作为优化政治生态的基础性工作,一方面在城区、乡村、学校、企业等重点部门和单位,累计投入上千万元,打造直观教育示范点23处、主题教育公园2处、崇德尚贤馆1处,让广大群众在潜移默化中崇文尚德,净化社会与权力的关系。另一方面把教育发展作为"一号民生工程",积极开展评选"十大师德标兵"活动,树立师德师风标杆,在全社会形成尊师重教的浓厚氛围;强化以优秀传统文化为核心的德育教育,净化学生心灵,塑造良好人格,培养有理想、有知识、有操守、有追求的"四有"学生,收获刷新了历史纪录的高考成绩,营造良好的社会道德氛围。

三是丰富群众文化生活。社会文化是影响政治生态的重要因素,是优化县域生态的有力支撑。近年来,淅川县按照精准扶贫的总要求,在"两弘扬一争做"的基础上,出台了精神扶贫的具体计划,突出思想上"扶志"、能力上"扶智"。一方面,抓好基层文化服务阵地建设,提高文化共享水平。开展"文化扶贫进乡村"活动,建立完善基层综合文化服务中心及农家书屋,引导村民自我教育、自我充电;开展文化大餐进村入户活动,由县文艺团体送戏送演下乡,丰富群众文化生活。另一方面,以移风易俗为重点,推进乡村精神文明建设。出台了《淅川县移风易俗工作实施方案》,对党员干部、公职人员的红白喜事和随礼礼金等做出明确规定,要求文明节俭操办红白事,带头移风易俗。这些举措使乡风民风建设有了较大改观,全县90%的行政村(社区、居委会)都健全了红白理事会制度。村民道德文化素质的提高也为县域政治生态优化提供了社会文化条件。

三、政治生态建设引领下县域治理创新的基本路径

淅川县立足县域实际,从党风、政风、社风、民风等方面,全方位

加强政治生态建设,实现了对县域的有效治理。这种实践探索为全面从严治党条件下修复和优化政治生态,推动县域依"德"而治提供了路径参考。

(一)推进县域有效治理,必须以全面从严治党为核心优化政治生态

县域政治生态受到多重因素的综合影响,其中居于主导地位的是一个地方执政主体(即当地的基层党组织和各级党员领导干部)的作风。一旦党的建设缺失,党风遭到破坏,就会波及政风、社风和民风,就会带来政治生态失衡,县域治理也会严重受阻。河南省淅川县以落实管党治党两个责任推进县域政治生态建设的经验启示我们:要实现一个县域从治理到善治,就必须以落实管党治党责任为核心,推进全面从严治党向基层延伸,以优良的党风促进政治生态不断修复和优化。

最基本的就是要端正政治站位,把握新时代新要求,抓牢主体责任这个"牛鼻子",守好"主阵地",种好"责任田",打好"持久战",推动全面从严治党向纵深发展、向基层延伸。党委书记的第一责任,就是要严明党的纪律和规矩,切实维护纪律规矩的权威性和严肃性,通过强化纪律的刚性约束,推动政治生态不断改善;就是要把选人用人放在重中之重的位置,坚持正确的用人导向,严肃选拔任用程序,形成"用一贤人,则群贤毕至"的见贤思齐之风;就是要锲而不舍地加强党风廉政建设和反腐败斗争,激浊扬清、惩恶扬善,努力实现干部清正、政府清廉、政治清明。

(二)推进县域有效治理,必须以规约行政权力为重点优化政治生态

良好政治生态的最基本特征,就是权力边界明晰、权力运行规范,权力行为得到有效监督,权力腐败现象大大减少。河南省淅川县加大行政权力规约力度、理顺权力与市场的关系,特别是针对基层小微权力实施"三清理一公开"的做法和经验告诉我们:重塑县域政治

生态,必须强化对重点领域和关键环节权力运行的制约和监督,不断规范权力运行和业务流程,把制度的"笼子"扎得紧一些,严防"牛栏关猫",使权力运行有边界、有约束、受监督,确保用制度管人、管权、管事,提高权力制约和监督的规范化水平。

最突出的就是要以全面深化改革为契机,依法确定权力、科学配置权力、严格约束权力,深入推进行政权力的"放管服"改革,剪断权力寻租的"脐带",减少行政权力违规干预市场的机会,真正让市场经济在资源配置中发挥决定性作用;紧紧抓住县乡两级领导班子这个"关键少数",厘清领导干部的权力负面清单,最大限度地推进决策过程透明化、行政结果公开化,确保县乡领导班子监督的常态化、制度化;全面落实深化国家监察体制改革部署,实现对所有公职人员监察的全覆盖,加强对行政权力的监督监察;创新巡视巡察的内容和形式,发现和严惩滥用行政权力的行为,努力形成不能腐、不敢腐的长效机制。

(三)推进县域有效治理,必须以塑造人文精神为关键优化政治生态

毛泽东指出:"一定的文化是一定社会的政治和经济在观念形态上的反映,又给予伟大影响和作用于一定社会的政治和经济。"政治生态的背后,实质上是文化生态特别是人文精神的反映。营造县域良好的政治生态,就应当着力培养和传承富有县域特色、有利于县域发展的人文精神,形成向上向善的公共文化环境,为执政权力的行使提供良好的社会土壤。河南省淅川县从实际出发,以"两弘扬一争做"活动为抓手,形成了以南水北调精神为核心的县域精神,为政治生态建设提供了良好的社会土壤。淅川经验告诉我们:重塑县域政治生态,就必须高度重视社会文化的引领作用,塑造富有县域特色的人文精神,为规范执政权力运行、推动县域经济社会发展提供持久的精神动力和丰厚的文化土壤。

最关键的就是要把坚定共产党人的理想信念与践行社会主义核

心价值观结合起来,与挖掘和弘扬富有地方特色的精神文化结合起来,以远大的理想和信念引领方向、以身边的人和事激发动力,形成有利于党委政府执政理念贯彻落实、治理目标顺利实现的社会环境。要增强党员干部教育的针对性,增强人民群众教化的实效性。一方面深入挖掘本地本部门的先进人物和事迹,以切实的榜样、切身的感受,引导党员干部解决好世界观、人生观、价值观这个"总开关"问题,厚植政治生态优化的社会文化土壤;另一方面动员和发动群众,从日常生活中、从生产经营中、从身边的人和事中,去发现典型、提炼精神,培育文明乡风,为党委政府正确地执政施政提供社会内生动力。

(四)推进县域有效治理,必须以培育社会道德为基础优化政治生态

社会道德是政治生态的风向标和晴雨表。优化政治生态,就必须把道德的教化作用放在更加突出的位置。习近平总书记指出:"重视发挥道德教化作用,把法律和道德的力量、法治和德治的功能紧密结合起来,把自律和他律紧密结合起来,引导全社会积极培育和践行社会主义核心价值观,树立良好道德风尚,防止封建腐朽道德文化沉渣泛起。"河南省淅川县从培育价值认同、教化社风民风入手,以社会道德优化助推"官德"政风净化的经验表明:优化县域政治生态,就必须大力弘扬和践行社会主义核心价值观,优化社会道德,净化执政"官德",不断清除"围猎"和腐蚀权力的社会土壤。

最紧要的就是加强党员干部的党性修养和职业操守教育,自觉做到讲党性、重品行、做表率,明是非、知廉耻、辨善恶,时刻保持良好的品行,守住为官之德、做人之道,筑牢道德底线,坚守思想阵地。要通过有效的活动载体,深入挖掘"三观"端正、从善如流、积极向上、乐于奉献的公众道德典型,大力弘扬社会主义道德,以可信可学的身边典型教育来感化教化人民群众,激励人们见贤思齐、择善而从,形成政治生态建设人人参与、全民行动的生动局面。

治理现代化视角下的基层反腐

王 勇①

摘 要:基层反腐是反腐倡廉建设的重要组成部分,也是全面从严治党的基本体现。基层反腐有着深刻的历史逻辑、理论逻辑和实践逻辑,不仅是政党治理的内在需要,同时也是国家治理和全球治理的必然要求。长期以来,在制度建设、内在约束和文化环境等方面存在的缺漏,制约了基层反腐的深入推进。中国特色社会主义进入新时代,要决胜全面建成小康社会、全面建设社会主义现代化国家、实现中华民族伟大复兴的中国梦,就要以零容忍态度惩治腐败,不断创新基层反腐的机制手段,不断提高国家治理体系和治理能力现代化水平。

关键词:国家治理;政党治理;治理现代化;基层反腐;新时代

在改革开放四十年和中华人民共和国成立七十年的历程中,中国共产党领导人民实现了一次次历史性飞跃,不仅开创了中国特色社会主义道路,并以持续的实践创新、理论创新、制度创新、文化创新和其他各方面创新,深刻改变了党的面貌、国家的面貌、人民的面貌、军队的面貌以及中华民族的面貌,使得科学社会主义在 21 世纪展现出强大的生机活力。中国特色社会主义进入新时代,我们比历史上

---

① 王勇:河南省社会科学院党委书记。

任何时期都更接近中华民族伟大复兴的目标,比历史上任何时期都更有信心、有能力实现这个目标。实现这一伟大目标就要不断增强人民群众的向心力、凝聚力,就要不断增强党的阶级基础和群众基础。为此就要坚持群众路线,不断提高人民群众的获得感、安全感和幸福感。其中基层反腐关系着我国基层改革发展稳定的大局,也是全面建成小康社会和全面建成社会主义现代化强国的基础。为此,我们要着力解决发生在基层和群众身边的不正之风和腐败问题,让正风反腐给老百姓带来更多获得感,以共建奠基共享共治,以共享推动共建共治,以共治保障共建共享。

一、基层反腐的内在逻辑

十八大以来,我们党把反腐败斗争作为全面从严治党的重要内容,坚持"自我革命"精神,不断推进自我净化、自我完善、自我革新、自我提高。全国各地"打虎""拍蝇"定力不移、力度不减、节奏不变,坚持反腐败斗争一直在路上,经过持续斗争取得了显著成效。党的十九大报告对反腐倡廉建设进一步做出了部署,明确提出在市县党委建立巡察制度,加大力度整治群众身边的腐败问题。这表明了我们党持续推进反腐败斗争,坚持反腐定力,尤其是深入推进基层反腐的决心与意志。基层反腐不是一个纯粹理论思辨的结果,而是有着深刻的历史逻辑、理论逻辑和实践逻辑。"只有以反腐败永远在路上的坚韧和执着,深化标本兼治,保证干部清正、政府清廉、政治清明,才能跳出历史周期律,确保党和国家长治久安",党对反腐败斗争的历史与现实、应然与实然是有着清醒认识的。

(一)基层反腐的历史逻辑

反腐败斗争是一项整体性的任务,在不同层面具有不同的特点和表现形式,基层反腐是从行政领域划分的角度来做的界定。从行政领域划分的角度来分析,基层主要是指县级以下的政府部门或乡镇、村、社区组织等,而基层腐败,则一般是指县级以下部门或乡镇、村、社区组织及其工作人员以权谋私的贪腐行为,是腐败行为的一种具体表现形式。基层反腐就是针对基层组织及其工作人员的贪腐行为做出的制度安排、具体政策和相关措施及行动。基层反腐在整个反腐斗争中的特殊作用决定了基层反腐的紧迫性、必然性和重要性。基层作为国家和社会的"神经末梢"和"毛细血管",是权力运行的基础组织,因而也是与人民群众接触最为广泛的组织。在现实的权力运行机制中承担着直接与人民群众进行沟通的职责,负责执行党和国家的方针、政策、决议等,并展现着党和政府的形象与作风。从国家权力结构划分的层面来讲,基层虽然处于权力运行的基础层面,但是在整个国家运行机制中具有举足轻重的地位。尤其是中国共产党作为无产阶级执政党,将"群众路线"作为党在革命时期取得胜利的"三大法宝"之一,同时将其作为巩固和维持执政地位的关键所在,群众路线对维持基层组织的纯洁性和良好的政治生态也具有突出作用。从根本上来讲,这是由党和国家的性质和宗旨所决定的,也表现出党对"历史周期律"有着深刻的历史忧患意识。

"历史周期律"是黄炎培先生1945年在延安向毛泽东提出的一个重大问题,也因此形成了"窑洞对"的历史佳话。所谓"历史周期律"就是政权的兴衰治乱和往复循环呈现出的周期性现象,表现为新兴政权"其兴也勃焉,其亡也忽焉",这也是中国共产党作为执政党必然要面对和解决的问题。换言之,解决"历史周期律"的问题就是要解决长期执政的问题,要坚持和巩固党的执政地位与领导地位。首先要不断增强党的先进性和纯洁性,因为实践永无止境,先进性和纯洁性在不同的时代也就有着不同的表现形式和具体要求,"过去先进不等于现在先进,现在先进不等于永远先进"。全面从严治党就是加强党的自身建设的集中体现,反腐败斗争是全面从严治党的一个重要维度和方面,与党的政治建设、思想建设、组织建设、作风建设、纪律建设、制度建设相辅相成。总结历史正反两方面的经验,"我们党把党风廉政建设和反腐败斗争提到关系党和国家生死存亡的高度来认识",充分体现出党对反腐败斗争的高度重视和深刻觉醒。中国共产党自成立以来一贯重视基层的反腐败斗争,将保持基层党组织的纯洁与加强反腐倡廉建设紧密结合起来,勇于通过"自我革命"引导推进和实现社会革命。

(二)基层反腐的理论逻辑

基层反腐不仅是一个实践层面的问题,也是一个理论层面的问题,基层反腐有着深刻的理论逻辑。党执政之后清醒地认识到"加强和改进党的作风建设,核心问题就是保持党同人民群众的血肉联系。马克思主义执政党的最大危险就是脱离群众",同时意识到"我们党作为执政党,面临的最大威胁就是腐败",腐败是脱离群众和背离群众路线的突出问题。而经过改革开放四十年和中华人民共和国成立七十年的伟大实践,党充分认识到"中国特色社会主义最本质的特征是中国共产党领导,中国特色社会主义制度的最大优势是中国共产党领导",这是中国特色社会主义的显著标志,也是社会主义优越性的集中体现。马克思主义最鲜明的理论品格是人民性,中国共产党将马克思主义作为指导思想,坚持人民性的价值取向,这种价值取向集中体现在党除了为最广大人民群众谋利益之外,没有自身的特殊利益,腐败现象则是这种价值取向的反面。坚持人民性的价值取向,首先要净化党的基层组织,充分发挥其战斗堡垒作用,唯"根深才能叶茂,固本才能培元"。基层党组织是我们党的执政根基,全体党员是我们党的肌体细胞,我们不仅要锤炼党员干部的党性,同时也要不断强化其践行人民性的自觉。为此,推动全面从严治党向基层延伸,深入开展基层反腐,是巩固党的执政根基的重要举措,也是回应人民群众诉求的重要形式。

坚持人民性还要处理好人民性与党性之间的关系,习近平总书记在全国宣传思想工作会议上的重要讲话中强调:"党性和人民性从来都是一致的、统一的。"党性和人民性的统一,是每一个共产党员都应该明白的道理,都必须始终坚守的准则。党性与人民性有着深刻的内在价值衔接,人民性是党性的根基,党性是人民性的保障。人民性本质上代表着一种价值取向;党性本质上是党对广大成员的政治意识、思想觉悟、纪律恪守、组织规矩等方面的要求。一方面,要充分认识到党性的根本归宿,党的十九大报告中明确指出中国共产党的初心与使命是为中国人民谋幸福,为中华民族谋复兴。中国共产党始终坚持"立党为公,执政为民",这是党性以人民性为根本价值取向的突出标志。另一方面,为了更好践行人民性,要不断强化党员干部的党性。在实践中通过长期执政能力建设、先进性和纯洁性建设,不断推进政治建设、思想建设、组织建设、作风建设、纪律建设和制度建设,尤其是要将政治建设摆在党的建设的首位,不断营造良好的党内政治文化氛围,从而塑造良好的党内政治生态。通过不断提高对党员的党性锤炼,打造一支真正具有历史使命感和时代责任感的先锋队伍,实现好中国共产党对伟大斗争、伟大工程、伟大事业、伟大梦想坚强有力的领导,肩负起中华民族伟大复兴的中国梦。由此,人民性作为价值属性决定着党性锤炼的向度与效度,从根本上制约和决定着党性教育的发展与成果。党性作为实现人民性的基础和保障,是发挥党的领导核心作用的前提条件和基础力量。

(三) 基层反腐的实践逻辑

基层反腐是党的理论逻辑的必然和历史经验的总结,也是现实实践的客观需要。"相对于'远在天边'的'老虎',群众对'近在眼前'嗡嗡乱飞的'蝇贪'感受更为真切。'微腐败'也可能成为'大祸害',它损害的是老百姓的切身利益,啃食的是群众获得感,挥霍的是基层群众对党的信任。"腐败具有不同的表现形式,而基层腐败具有直接性、广泛性等特点,尤其是容易触及人民群众最关心最直接的现实利益问题,比如弄虚作假、中饱私囊、贪污受贿,在农村基础设施建设中偷工减料,进行权力寻租等。这些行为严重败坏了党在群众中的威信,也败坏了党风、社风、民风,因而越来越多的呼声希望反腐败向基层延伸。我们正处于决胜全面建成小康社会的关键时期,尤其是在实施精准扶贫、精准脱贫战略的过程中,出现的一些腐败现象对于党的执政基础和群众基础的侵蚀是十分严重的,不仅不利于调动一切积极因素形成建设社会主义现代化强国的合力,反而会造成诸多矛盾,甚至会形成一系列的冲突,给改革发展稳定大局带来制约因素。

党具有自觉的自我革命意识和能力,坚持从实际出发,贯彻实事求是的思想路线,分析新问题、解决新矛盾、迎接新挑战。第十九届中央纪律检查委员会第二次全体会议对基层反腐进行了集中部署,一是围绕打赢脱贫攻坚战的战略要求,开展扶贫领域腐败和作风问题专项治理,将治标与治本结合起来,不仅重视直击基层腐败问题,加大惩治力度,同时也注重通过践行群众路线来维护党和政府的形象。二是把惩治基层腐败同扫黑除恶结合起来,坚决查处涉黑"保护伞"。注重运用辩证思维和系统思维方法,深入分析基层腐败错综复杂的社会动因,致力于建构完善的监督体系,推进全面从严治党工作的深入开展。三是紧盯群众反映的突出问题,回应群众的切身诉求,加大集中整治和督查督办力度,把全面从严治党覆盖到"最后一公里"。这都充分体现了基层反腐的实效性,注重反腐、监督与评估的协调统一,并致力于构建风清气正的基层政治生态。

二、基层反腐的现实意义

基层反腐关系到党的阶级基础和群众基础,关系到党的执政地位和领导地位,关系到国家治理体系和治理能力的现代化,同时也关系到全球治理的成效。中国共产党在领导革命、建设、改革的过程中,积累了治理腐败的丰富经验,不仅有助于党自身建设的进一步推进,也有助于为世界腐败问题的治理提供中国方案和中国智慧。

(一)推进党的建设新的伟大工程

加强党的建设是中国共产党的优良传统,有着丰富的历史经验和实践自觉,"有功必赏,有罪必罚,则为善者日进,为恶者日止"。惩治腐败不仅有助于增强党自身的建设,巩固执政地位,并且有助于通过总结共产党的执政经验,探索共产党的执政规律,形成一般性认识,在积累经验的基础上不断增强执政的科学性。"不反腐败确实要亡党,真反腐败不仅不会亡党,而且能增强党自我净化、自我完善、自我革新、自我提高的能力,保持党同人民群众的血肉联系,使我们党更加坚强、更有力量",中国特色社会主义进入新时代,管党治党面临着更加复杂的形势。全面从严治党不是主观设想的结果,而是多方面因素综合作用的必然选择,基层反腐是全面从严治党的重要组成部分,有助于为全面从严治党进一步向纵深发展提供组织基础和政治基础。随着经济全球化和改革开放向纵深发展,世情、国情、党情发生了深刻变化,影响从严治党的因素更加复杂多样,政党治理、国家治理、全球治理也对管党治党提出了新任务和新要求。新时代全面从严治党最为突出的就是科学解决党的领导弱化、组织涣散、纪律松弛、作风不纯,尤其是少数地方的系统性、塌方式腐败等问题。

(二)加快国家的治理现代化进程

基层反腐不仅是政党治理层面的问题,也是国家治理层面的问题,深入推进基层反腐有助于真正体现发展为了人民、发展依靠人民、发展成果由人民共享。一是发展为了人民。这是中国共产党革命、建设、改革和治理的根本出发点。发展为了人民是发展的方向问题,决定着发展的向度和效度。从另一种角度讲,这决定着发展的衡量标准,这种标准就是人民群众的获得感、幸福感、安全感。坚持与人民同呼吸、共命运、心连心,永远把人民对美好生活的向往作为奋斗目标,充分体现出发展的根本向度就是"立党为公,执政为民"。基层反腐有助于坚持人民主体地位,也是党的群众路线在社会主义现代化建设中的运用。二是发展依靠人民。这是中国共产党取得一切成就与进步的力量源泉。历史经验的总结告诉我们,人民群众是历史的真正创造者,人民群众的意志体现着历史的发展趋势。中国特色社会主义事业的顺利推进、中华民族伟大复兴的最终实现都离不开最广大人民的参与、创造与贡献,基层反腐同样需要广大人民群众的积极参与。三是发展成果人民共享。这是中国共产党坚守自身性质、实现长期执政、不断提升领导水平的内在要求。必须多谋民生之利、多解民生之忧,在发展中补齐民生短板、促进社会公平正义,深入开展脱贫攻坚,保证全体人民在共建共治共享发展中有更多获得感,不断促进人的全面发展,实现全体人民共同富裕。基层反腐为实现"一切为了人民"提供了基本政治环境和政治生态,同时也有助于应对西方文化思潮对马克思主义意识形态的消解。正如习近平总书记指出的:"我们坚定不移反对腐败,使我们占据了国际道义制高点。过去,美国等西方国家总想用反腐败问题来拿捏我们,不断在联合国、二十国集团、亚太经合组织等场合提出所谓反腐败问题。现在,我们在国际上一举转为战略主动。"

(三)推动全球治理贡献中国方案

中国的反腐经验包括基层反腐经验具有世界意义。腐败是一种世界性、长时期的历史现象,在不同国家不同历史时期都不同程度地存在。根除腐败是一个世界性难题,对此中国进行的有益探索和实践有助于为其他国家治理腐败提供借鉴的资料和方法。反腐倡廉建设也是中国特色社会主义道路的组成部分,体现着治理腐败的中国智慧、中国方案和中国经验。中国道路的选择不仅仅是一种价值性选择,同时也是一种实践性选择。中国特色社会主义道路不同于传统社会主义模式,不是纯粹思辨的结果;也不同于资本主义道路,不是资本主义现代化模式的翻版;从根本上来讲是马克思主义基本立场、观点、方法与中国实践相结合的产物。坚持中国特色社会主义道路就是坚持价值性与实践性的统一,即要在坚持"以人民为中心"的发展思想的同时,不断推进价值理念向现实实践的转化,将应然的设想转化为实然的成果,实现逻辑与历史的辩证统一。中国道路不仅强调自身的独立发展,还关注各国的协同发展,尤其是致力于构建"人类命运共同体",将"和合"思想运用于新型国际秩序的构建之中,积极发出中国声音,提出中国方案,贡献中国智慧。在基层反腐层面也是如此,中国创新了现代化的实现路径,也为治理基层腐败提供了丰富的实践经验。未来不是"现在加更多的选择",一国一地的发展路径总是受到各种历史的、现实的、具体的条件限制。如果没有一般性的发展道路,所谓的"未来是在现有条件基础上的更多选择",会使人陷于对现实的幻想之中。中国不仅具有道路自信,也具有反腐自信,这种自信是从全面从严治党的实效中体现出来的,是以实践为检验标准形成的主观认同。

三、基层反腐的制约因素

基层反腐具有多层面的意义和价值,基层反腐的成功与否关系到改革的"最后一公里"能否打通,关系到"五位一体"总体布局和"四个全面"战略布局能否顺利实施,关系到能否真正实现共建共治共享。由于存在制度建设、内在约束和文化环境等诸多因素制约,既有普遍性制约因素,也有特殊性制约因素;既有内部制约因素,也有外部制约因素,这就表明基层反腐还存在诸多阻力。我们要认识到基层反腐的紧迫性和严峻性,坚持具体问题具体分析的方法和系统思维、辩证思维的方法。

(一)法治建设滞后

长期以来,法治建设滞后于经济社会发展是基层腐败丛生的一个重要原因,由于缺乏有效的外部约束,造成了不受限制的权力滥用,滋生了各种形式的基层腐败现象。相较于其他问题,"制度问题更带有根本性、全局性、稳定性、长期性。关键是要健全权力运行制约和监督体系,让人民监督权力,让权力在阳光下运行,把权力关进制度的笼子里"。随着经济全球化的深入发展,我国融入世界的层次不断深化,改革开放经过四十年的实践,经济结构、社会结构都发生了深刻变化,人们的利益诉求日益多元化,尤其是由于法治建设的相对滞后造成了一些法治盲区,就为一些腐败现象的产生提供了可乘之机。同时,我国经济发展处于增长速度换挡期、结构调整阵痛期、前期政策消化期、新的政策探索期"四期叠加"时期,造成了一定程度的不确定性,并且由于信息时代的一些特殊性,使得法律的建立健全和制度的设计完善都面临着更复杂的环境,诸如此类的滞后性带来了一些弊端。

(二) 内在约束乏力

内在约束乏力是基层腐败的重要原因。内在约束主要表现在对法治的敬畏、对道德的坚守、对纪律的警惕,尤其是表现为一种自我定力。党的十八届七中全会公报明确指出,党的各级领导干部特别是高级干部必须对党忠诚,要增强政治定力、纪律定力、道德定力、抵腐定力,这种定力思想不仅适用于高级领导干部,也适用于基层党员干部。在这四种定力中,政治定力是根本性、基础性、前提性的定力,不仅是对党员的个体要求,更是全党的政治自觉。同时政治定力衔接着纪律定力、道德定力和抵腐定力之间的基本价值。政治定力与纪律定力、道德定力、抵腐定力在本质上是辩证统一的,其共同指向就是党的先进性、纯洁性建设。因此,这种定力思想的具象化就表现为党规党纪、优良传统、道德规范的内化,正是由于对党的外在约束内化不足,同时自我要求不严等因素,助长了基层腐败的发生。

(三) 文化环境熏陶

文化环境对基层政治生态发挥着关键性作用,文化环境具有强大的塑造作用和导向作用。文化环境不仅是对基层政治生态的集中反映,同时还具有自身的相对独立性,这是其发挥价值引导作用的基础。由于"官本位""个人主义""享乐主义"等消极思想的影响,长期以来在党和国家的基层组织中滋生了一些腐朽的文化现象,尤其表现在政治文化方面,形成了个人主义、分散主义、自由主义、本位主义、好人主义等思想,以及宗派主义、圈子文化、码头文化等文化氛围,出现了两面派、两面人。这些文化思潮对于基层组织及其工作人员有潜移默化的作用,并且会形成无形的压力,对党内政治生活的良好运行与党内政治生态的良好形成都造成了严峻的挑战。

四、基层反腐的路径探索

党的十八大以来,党以"自我革命"的勇气和定力深入推进全面从严治党,形成反腐败斗争的压倒性态势,取得了显著成效,巩固了党的执政基础和群众基础,进一步增强了广大人民群众对党的向心力和认同力。为此,我们要进一步坚持无禁区、全覆盖、零容忍,坚持重遏制、强高压、长震慑,坚持政治定力,运用辩证思维、战略思维、系统思维等方法,构建不敢腐、不能腐、不想腐的体制机制,建构起良性循环的政治生态。

(一)完善法治规制

国内层面,建立完善的监督体系,引导和鼓励群众监督、舆论监督,把党内监督与党外监督结合起来,形成长效的合力监督体制机制,增强监督的实效性和长效性。理顺基层党风廉政建设和反腐败工作机制,不断强化各级党委的主体责任和纪委的监督责任意识,加大层层传导压力,逐级落实责任的力度,严格落实地方监督制度。既要强化自上而下的组织监督,也要发挥同级相互监督的作用,加强对基层党员领导干部的日常监督管理。强化群众监督,充分保障基层群众的知情权和话语权。建立健全合理有效的群众监督机制,畅通群众监督举报的通道,改进自下而上的民主监督。建立畅通的表达机制、完善的监督渠道,村级重大事项要落实民主决策,鼓励居民积极参与监督,激发他们的监督意识和主人翁意识。把制度的"笼子"扎得更紧,在决策机制、行政审批、权力清单、责任清单等方面,要制定更具针对性的制度规定,把制度的"笼子"织密、编牢、扎紧,实现靠制度治权,从源头上铲除滋生"四风"和腐败问题的温床。

国际层面,加强国际合作,不断探索建立反腐国际合作机制。"提出一系列反腐败国际合作倡议,倡议构建国际反腐新秩序,特别是加大对美国等西方国家在反腐败合作方面的压力,要求他们不要成为腐败分子的'避罪天堂'",充分发挥"人类命运共同体"的价值理念,在国际范围内建构起共同打击腐败分子的共同体。同时也要加强反腐经验国际交流,不断增强反腐能力和实效。

(二) 强化价值认同

增强反腐意识,形成价值认同。作为权力运行的主体同时也是造成基层腐败关键因素的基层组织中的工作人员,是不断提高基层反腐成效的首要着力点。腐败与国家权力运行、人性密切相关,腐败治理是一个系统性工程,要通过制度建设来加以保障。最为重要的是在广大党员干部和公职人员中形成基本的价值共识,真正认可构建一个"干部清正、政府清廉、政治清明"的社会。不仅要在党员干部和公职人员中形成价值共识,还要引导广大人民群众真正认可这种社会价值,只有这样才能够实现全体人民对权力的监督。为此"对基层贪腐以及执法不公等问题,要认真纠正和严肃查处,维护群众切身利益,让群众更多感受到反腐倡廉的实际成果",要以不断满足人民群众对美好生活的需求为结合点,持续提高人民群众的获得感、安全感和幸福感,深入推进基层反腐。

重视评价反馈和党内集中教育的作用。以评价促认同,加强第三方评估。从加强监督的角度来看,可以尝试让专家学者参与到权力监督中,增强监督的专业化;积极支持媒体监督和舆论监督,提高监督的广泛性。要重视党内集中教育的独特价值,并积极推进党内集中教育形式的多样化、具体化,同时创新教育形式,实现对广大人民群众的教育引导,不断增强群众的监督意识和监督能力。同时让党员干部把反腐价值、党内纪律和道德要求内化于心,外化于行,自觉落实在行动上。随着党内集中教育的深入开展,全面从严治党在突出"关键少数"的同时正在不断向基层延伸,增强了党内集中教育的广度、深度和力度,这在增强价值认同的同时,有助于建构起风清气正的党内政治生态和国家政治生态。

(三) 注重文化塑造

要高度重视文化环境的塑造作用,尤其是要高度重视党内政治文化对党风廉政建设的独特价值,注重培育党员干部的政治定力、道德定力、纪律定力和抵腐定力,为此就要加强宣传舆论引导。一方面要积极引导正面舆论,另一方面要勇于应对各种负面言论,维护意识形态领导权。尤其是"随着反腐败斗争持续深入,社会上出现了一些值得注意的舆论倾向和氛围。有几种论调还很有些市场,比如,反腐同群众利益无关,反腐让干部不作为,反腐影响经济发展,反腐是权力斗争,反腐应当缓缓手等等",这些言论对全面从严治党以及基层反腐都具有消解作用。为此"对这些模糊认识和错误言论,必须加以辨析、引导,驳斥错误言论,化解消极情绪,消除偏见误解,说清楚我们党反腐败不是看人下菜的'势利店',不是争权夺利的'纸牌屋',也不是有头无尾的'烂尾楼',从而为深入开展党风廉政建设和反腐败斗争营造良好的舆论氛围",我们应当增强理论的彻底性,强化理论的阐释力,同时积极回应人民诉求,建构良性互动系统。

"深入推进党风廉政建设和反腐败斗争,需要坚持发扬我们党在反腐倡廉建设长期实践中积累的成功经验,需要积极借鉴世界各国反腐倡廉的有益做法,也需要积极借鉴我国历史上反腐倡廉的宝贵遗产",塑造良好的文化环境,要坚持不忘本来,吸收外来,面向未来。不仅要发扬党在革命战争时期形成的优良传统,还要创造性转化和创新性发展中华优秀传统文化中的廉政思想,积极借鉴其他文明的有益成果,真正做到古为今用,洋为我用。

参考文献

1. 习近平:《在第十八届中央纪律检查委员会第六次全体会议上的讲话》,人民出版社2016年版,第5页。

2. 习近平:《决胜全面建成小康社会 夺取新时代中国特色社会主义伟大胜利——在中国共产党第十九次全国代表大会上的报告》,人民出版社2017年版。

3.《习近平谈治国理政》,外文出版社2014年版。

4.《习近平关于全民从严治党论述摘编》,中央文献出版社2016年版,第195页。

5. 刘代成:《基层腐败治理论》,《重庆社会科学》,2017年第8期。

6. 王立峰,潘博:《党内基层巡察制度优化路径探析》,《长白学刊》,2017年第2期。

7. 陈力予,吴冬娟:《反腐倡廉科学化:基层服务型政府塑造的有效路径》,《福建农林大学学报(哲学社会科学版)》,2010年第1期。

8. 廖晓明,罗文剑:《"零容忍"反腐败:内涵、特征与进路》,《中国行政管理》,2012年第1期。

9. 李燕凌,吴松江,胡扬名:《我国近年来反腐败问题研究综述》,《中国行政管理》,2011年第11期。

10. 宋为,佘廉:《新时期我国腐败现象与网络反腐探讨》,《政治学研究》,2011年第2期。

11. 胡杨:《网络反腐的制度化路径分析》,《河南社会科学》,2011年第1期。

12. 胡杨:《论中国特色反腐模式转型的内在逻辑与发展路径》,《马克思主义与现实》,2010年第4期。

13. 刘鑫,朱启友:《中国特色反腐倡廉建设的现实困境及路径选择》,《政治学研究》,2010年第2期。

14. 孔繁轲:《新时代新方位 新思想新方略 新使命新目标 新举措新部署——深入学习领会党的十九大精神》,《理论学习》,2017年第12期。

15. 任晓伟:《论习近平关于推动全面从严治党向纵深发展的思想》,《南京社会科学》,2018年第12期。

16. 刘晨光:《中国特色社会主义的新发展》,《科学社会主义》,2017年第6期。

17. 赵秉志,张磊:《习近平反腐败追逃追赃思想研究》,《吉林大学社会科学学报》,2018年第2期。

18. 雷明:《论习近平扶贫攻坚战略思想》,《南京农业大学学报(社会科学版)》,2018年第1期。

19. 陈石明:《论习近平新时代中国特色社会主义思想的宏观理路》,《苏州大学学报(哲学社会科学版)》,2017年第1期。

20. 孙鸿鹤,张云峰:《习近平新时代中国特色社会主义思想中的中国传统文化》,《北方论丛》,2018年第2期。

21. 刘俊祥,梅立润:《监督民主制:中国地方政府机会主义耗散性危害的防治机制》,《学术界》,2017年第12期。

规范小微权力运行
是从源头上遏制基层腐败的治本之策

史浩川①

农村干部手中权力不大,被称为"小微权力"。当前,农村干部违纪违法问题高发,如果得不到有效治理,将直接啃噬群众的"获得感",影响党和政府的威信,动摇党的执政基础,那么提高农村治理能力现代化、推进乡村振兴战略就更无从谈起。小微权力任性,产生基层腐败,蝇贪泛滥,其害如虎。如何管住管好小微权力,是摆在各级党委、纪委、监委面前的一道"必答题"。为规范小微权力运行,濮阳市在深入调研的基础上,积极进行探索,迈出了基层党风廉政建设坚实的步伐。

一、当前基层腐败问题的主要特点

近年来,随着全面从严治党压力向基层强力传导和基层党风廉政建设的深入推进,农村党员干部的法纪意识和廉洁意识明显增强,乡村治理能力不断提高,为推动乡村振兴战略提供了坚强有力的保证。但农村党员干部损害群众利益、以权谋私、吃拿卡要、雁过拔毛等违纪违法现象仍然比较突出。从濮阳市统计数据看,反映基层一般干部和其他人员的信访举报占总量比例从2015年的38.9%上升到2017年的58%,查处农村党员干部占查处党员总数的比例也从

---

① 史浩川:濮阳市纪委副书记、监察委副主任。

2015年的47.6%上升到2017年的57.9%,且总量呈上升趋势。举报查处占比和总量均呈上升趋势,基层干部腐败问题仍然居高不下,易发多发。总体分析,主要有以下五个特点。

(一)法纪意识不强,普遍用权"任性"

农村干部文化水平偏低,对上级政策理解不透,政治理论水平不高,法纪意识淡薄,办事重人情轻法纪,用权任性,吃拿卡要。有的直接收受、索取钱物,有的采取打白条抵账、收入不入账、重复报销、虚列开支、冒领骗取等方式贪占钱物,有的甚至将扶贫资金当作自家"小金库",将扶贫政策作为发家致富的"摇钱树"。如濮阳市某县村党支部书记闫某,不仅虚报人口套取资金,还屡次向危房改造修缮户收取"感谢费",向五保户收取"好处费",索要钱款9530元,受到党内严重警告处分。

(二)贪腐案件高发,"村官"成为"高风险岗位"

党中央高度重视"三农"工作,越来越多的惠民政策汇聚基层,越来越多的帮扶资金流向基层群众,大量的资金政策都通过村干部分配落实。但由于监督不健全,权力不透明,导致违纪违法行为易发高发,村"两委"干部逐渐成为腐败的高危群体。2015年以来,濮阳全市扶贫领域查处的472人中,涉及村干部417人,占比高达88.35%。其中,以村党支部书记、村委会主任、村会计3类人员为主。以濮阳市某县为例,2015年全县共查处168人,其中农村党员干部95人;2016年全县共查处208人,其中农村党员干部132人;2017年全县共查处372人,其中农村党员干部262人,查处农村党员干部数量和占比均呈现"三连增"。

(三)"官"小权大,违纪违法问题点多面广

村干部虽然"官"不大,但权不小,既管理着农村公共事务,又管理着农村集体经济事项,掌控着人、财、物等大量农村资源,农村工作大大小小的事务都要通过村干部来落实。农村干部的违纪违法问题点多面广,从区域看,违纪违法问题在各县(区)均有发生,绝大多数

乡镇都存在相关案件；从领域看，涉及科技扶贫、到户增收、危房改造、低保五保供养、救灾救济、扶贫贷款、养老保险等各项资金，几乎全覆盖。

（四）共同贪腐特征凸显，"窝案串案"频发

从近年来查办的案件来看，共同违纪案件、窝案、串案较多，表现为共同贪污、共同挪用、共同渎职，致使办一案、挖一窝、带一串的现象多发。涉案人员错误地认为，只要利益均沾，无人"泄密"，就会"天下太平"，即使被查，也会法不责众。如濮阳市某县查处的一起村干部结伙作案案件，就涉及7个行政村，纪律处分15人。此类案件中，尤以村党支部书记、村委会主任和村会计两人或三人共同违纪现象突出。如濮阳市某村党支部书记刘某、村委会主任马某、村会计马某英利用职务之便，分别为刘某之妻、马某之妻、马某英之母三人办理低保，违规领取低保金4743元。这类案件形成了利益共同体，发现难，查处难，一旦案发，村干部几乎全军覆没，致使村"两委"班子"瘫痪"，这个现象在2018年的村"两委"换届中表现明显，有些村甚至达到"无人可选"的地步。

（五）案值不大危害大，影响农村发展稳定

农村党员干部违纪违法的案件，大多数涉案金额不大、款物不多，有的几百元、几千元，有的甚至是一顿饭、一条烟、几瓶酒。但这些问题牵涉到党的方针政策在基层的落实，涉及民生，直接侵害弱势群众利益，啃噬群众"获得感"，影响群众对党和政府的满意度，破坏党的执政基础，影响十分恶劣。同时，受害面广、群众感受真切，容易引发矛盾冲突，甚至发生集体上访或群体性事件，导致党群、干群关系紧张，影响农村稳定发展。

二、基层腐败问题易发多发的主要原因

农村基层腐败问题易发高发，成因复杂，根据调研分析，主要有以下几个方面。

(一) 基层"两个责任"压力传导不够

虽然全面从严治党"两个责任"压力传导日益增强,但仍然存在压力层层递减的问题。一些乡镇党委还没有真正把"抓党建是最大的政绩"落实在工作中,存在重经济、轻党建的现象,视经济、社会、民生等为"硬指标",视党风廉政建设、干部队伍建设等为"软指标",致使党员干部思想滑坡、信念动摇、道德失范、底线失守,乡镇纪检监察力量不足、能力不强、"三转"不到位,监督执纪问责履职不到位。

(二) 农村干部党规党纪意识淡薄

农村党员干部年龄普遍偏大、文化程度普遍偏低、能力素质不强,加上党规党纪、法律法规学习教育弱化,一些党员干部理想信念缺失,宗旨意识差,党规法纪意识淡薄,出现不少"法盲干部""纪盲干部",面对诱惑不能正确对待,吃拿卡要,贪污侵占,发生违纪行为甚至走向违法犯罪。

(三) 规章制度执行不严

制度不健全、不完善,执行不到位是基层腐败问题屡禁不止的两个原因。有的村有章不循,财务制度形同虚设,出纳、会计一人兼,村党支部书记直接经手财务。相关财政、农业、扶贫、民政、水利、卫生等县乡职能部门对职责范围内的扶贫、涉农、民生政策落实及资金使用监管不力,工作中只重视布置任务、下达指标、分配资金,而跟踪监管审计不到位。

(四) 监督存在不同程度宽松软

有些村务监督委员会形同虚设,缺少必要的村务监督,村务无法实现公开透明,基层群众对干部的监督渠道不畅,一些重大事项该公开不公开,或者公开的内容不全、时间不及时、范围不大。乡镇对村级事务监督流于形式,有效性不够,失之于软,失之于宽。

(五) 执纪监督审查的"后半篇文章"做得不够

近年来,县乡纪委加大对发生在群众身边的不正之风和腐败问题的查处力度,处理的党员干部数量不断增长,成效明显。但在量纪处理时,考虑到农村党员干部后备人选少,基于保护干部的目的,处理偏轻,震慑力不够,导致违纪成本较低,造成有的干部认为只要不出大问题,就不影响自己当村干部,造成大错不犯、小错不断的局面,影响了法纪效果。同时,查办案件的"治本"功能发挥不够,案件查了就查了,一处分就万事大吉,没有在警示教育、查找漏洞、建章立制方面下功夫,致使案件屡查屡犯、边查边发。

习近平总书记强调,要加强对权力运行的制约和监督,把权力关进制度的笼子里,形成不敢腐的惩戒机制、不能腐的防范机制、不易腐的保障机制。这一重要论述阐明了产生腐败问题的根源在于权力滥用,权力一旦失去制约和监督就如同"脱缰的野马",导致权力寻租、以权谋私、优亲厚友、吃拿卡要等腐败行为的发生。规范权力行使、加强制度约束监督是从源头上遏制腐败的治本之策。

三、解决基层腐败问题的有益探索

村干部处在农村第一线,他们是党和国家开展农村工作的依靠力量,是乡村治理的组织者和实施者。村干部的"微腐败",引发的是"大问题",对此决不能掉以轻心,我们必须下大力气予以解决。濮阳市在深入调研、认真总结基层经验的基础上,以市委、市政府两办文件出台了《关于推进廉洁乡村建设的实施意见》,大力推进廉洁乡村建设,以管住管好小微权力为核心,从推行阳光工程、加强基层事务监督、完善"三资"管理、加大执纪问责力度、营造崇德尚廉氛围等方面入手,综合施策,标本兼治,为整治基层腐败、维护基层和谐稳定、推进乡村振兴、打赢脱贫攻坚战提供了纪律保障。主要措施有以下几方面。

(一)清权确权亮权,给小微权力穿上"透明衣"

以县(区)为单位,充分发挥有关职能部门的主导作用,坚持"于法周延、于事简便"的原则,梳理基层在服务群众过程中行使的权力事项。对每项权力事项的法律法规依据、范围界定、办理主体、办理方式、时限要求、纪律规定等,建立制度予以明确,确保权力依法合规、边界清晰。比如,濮阳市濮阳县村级权力清单共分为11大项44个小项、南乐县50项、台前县55项,基本涵盖财务管理、工程招投标、危房改造、低保申请、党员发展等重大事项,为基层党员干部行使权力划定了"边界"。按照透明、高效、便民的原则,对照村级权力事项清单和相应的规章制度,明确重点事项的办理步骤、承办主体、办理时限、办理要求等,绘制县乡村三级权力运行流程图,提高权力运行的程序化规范化水平。及时将小微权力清单内容、办事流程、办理要求等进行公开,阳光运作,透明用权,便于基层干部执行和党员群众监督。明确每月5日为"党务村务公开日",突出将财务收支、补贴发放、低保社保、扶贫救济情况和扶贫项目安排、扶贫资金使用作为公开重点,做到市、县扶贫资金分配结果一律公开,乡、村两级扶贫项目安排和资金使用情况一律公告公示,接受群众和社会的监督。

(二)管权监权控权,给权力行使装上"监视器"

加强基层监督力量,明确村(社区)党组织委员中有1人负责纪检工作,向乡镇(街道)纪(工)委和所在支部负责并报告工作。建立健全村务监督委员会,明确一般由3至5人组成,设主任1名,倡导由负责纪检工作的村党组织委员担任主任。建立驻村监督员队伍,包村乡镇(街道)干部同时担任所分包村的驻村监督员,切实把监督贯穿于小微权力运行全过程。在这方面,各县(区)也要结合实际,大胆创新,各显其能。比如,濮阳县建立"三权三化"(厘权清单化、用权程序化、监权科学化)体系,构建了县、乡、村、民四级监权网络;华龙区建立"三管三重"(围绕管权,抓好重点人员;围绕管事,紧盯重点环节;围绕管钱,突出重点领域)制度体系,实行"日登记""周回访""月公开""年考评",进一步压缩小微权力暗箱操作的空间。推行基层民主科学决策,对村级重大问题、重大项目安排、大额资金使用等事务,严格按照"四议两公开"工作法进行决策。充分运用互联网技术和信息化手段,建立"信息化监督系统",以实现资金公示公告、小微权力公开运行为目的,将涉及群众切身利益的政策资金、权力运行等进行集中梳理、公开公示,打造集公开、监督、预警、举报为一体的网络系统,提升监督的科学化水平。

(三)盯住管好"三资",给资金使用配上"安全锁"

建立健全农村集体资金管理制度,大力推进农村财务规范化建设,健全完善财务收入管理、开支审批、财务预决算等制度,做到财务收入全部纳入集体账户核算,财务支出必须履行民主理财程序,财务活动严格按照预算方案执行。健全完善集体资产台账和资源登记簿制度,集体所有资产、资源都要分类登记、翔实记录、统一造册。完善村财乡管制度,进一步扩大监管范围,将村级集体收入纳入村财乡管的监管范畴,提倡通过购买社会服务等形式,充实人员力量,逐步解决监管力量不足、监管范围不全等问题。探索推行村公务卡制度,村务活动开支除少量必需的现金交易外,资金往来结算全部通过银行转账或村公务卡进行,逐步实现所有资金去向清晰、使用留痕。规范农村集体资产资源处置程序,农村集体资产承包、租赁、出让和资源开发利用时,要履行民主程序,进行科学评估,涉及金额较大、群众关注的引入市场机制,实行公开竞价和招标投标等,增强公正性和透明度。

(四)保持高压态势,在干部头上高悬"反腐剑"

开展问题线索"大起底、快查处、严追究",充分发挥信访主渠道、巡察"利剑"和明察暗访作用,利用12388举报电话、举报网站、手机客户端、微信、现场接访等手段,广泛收集群众的举报投诉。坚持把群众身边的腐败问题和作风问题纳入巡察工作内容,特别是对贫困村实现巡察全覆盖。市县乡三级纪委针对腐败和作风问题,开展联动暗访、专题暗访,切实提高发现问题的能力,严查干部作风不优、用权任性、政策落实不力、为黑恶势力充当"保护伞"等问题,形成严厉惩治、全面遏制的高压氛围,不断增强人民群众的获得感、幸福感和安全感。2018年前五个月,濮阳全市查处侵害群众利益的不正之风和腐败案件66件,处理111人,纪律处分107人,让违法违纪者付出应有代价。

(五)强化教育预防,从思想道德上筑牢"防洪堤"

持续深入推进作风建设,教育引导基层干部继承和发扬实事求是、艰苦奋斗、勤俭节约的优良传统和作风,抓好党和国家农村工作方针政策的贯彻落实。坚持不懈加强理论武装,突出抓好理想信念和党的宗旨教育、党规党纪教育。加大对典型案件的通报曝光力度,推动以案促改工作向基层延伸,以身边人身边事为载体进行警示教育,筑牢廉洁用权的思想防线。濮阳市开展扶贫领域主题式以案促改,先后召开警示教育会议410场,组织专题民主生活会360次,修订完善制度110个,接受警示教育党员群众达10余万人次。积极挖掘乡土廉洁文化精髓,广泛收集整理本地文化典故、史料文献、历史实物,树好廉洁典范,讲好廉洁故事,不断增强廉洁文化的亲和力、渗透力、感染力。注重优良家风家训家规文化建设,开展"传家训、立家规、扬家风"活动,不断厚植乡村廉洁文化的思想土壤和群众基础。同时,建立农村基层干部用权负面清单,划定行为"底线",督促农村基层干部做到知敬畏、明底线、守规矩,筑牢思想道德防线。

新形势下农村"微权"异化及其治理建议

朱永飞①

摘　要:农村"微权"关系着党的执政根基和基层治理成效,关系着党和政府在人民群众心目中的形象。近年来,随着城镇化发展和乡村振兴战略的实施,农村"微权"面临越来越多的廉政风险和异化可能,并在基层党风廉政建设和反腐败斗争中表现出数量增加、金额增大、手段翻新等态势。为此,《中华人民共和国监察法》颁布实施,进一步明确农村监察对象和监督主体。加快完善相关制度和机制,加大对农村"微权"的教育、监管和查处力度,将是推动我国治理能力和治理体系现代化不可忽视的重点工作之一。

关键词:农村;"微权";异化;治理建议

农村基层干部手中的"微权"既是党和政府基层工作的根本基础,也是推动新型城镇化建设的重要力量。随着河南省新型城镇化的快速发展和乡村振兴战略的强力推进,大量农村资源进入市场并升值变现,大量政策利好和项目资金向农村下沉,使农村"微权"面临越来越多的廉政风险和异化可能。加强对农村"微权"的监督和防控,特别是加强对农村"微权"主体的教育和管理,加大农村党风廉政建设和反腐败斗争的工作力度,是推动我国治理能力和治理体系现

---

① 朱永飞:河南省纪委驻河南日报报业集团纪检组组长。

代化的一项重点任务。

一、农村"微权"在基层治理中占有十分重要的位置

以乡(镇)办、村(居)为代表的基层治理结构,在我们党和国家治国理政中起着重要的基层基础作用,是我们党执政的基础和柱石。它不仅承担着执行贯彻党和国家方针政策落实的政治职能,还担负着推进基层经济社会发展、维护和实现广大人民群众切身利益的发展责任。随着河南省新型城镇化的快速发展和乡村振兴战略的强力实施,大量的农村资源进入市场升值变现,大量的政策红利向农村释放,大量的政府惠农资金、征地补偿款、拆迁补偿款等向农村投放,使农村"微权"面临着异化的可能与风险。

一是部分农村基层干部的素质和能力不高,使农村"微权"变异的风险仍旧存在。就目前农村基层干部的整体情况看,普遍存在着文化水平不高、受教育机会较少、理想信念和自律觉悟等跟不上形势发展需要的突出问题。这是因为农村基层干部文化程度本就偏低,再加上各级党校和行政学院对农村基层干部培训重视不够,一些农村党支部书记参加党性教育和党性锻炼的机会很少,使他们在思想认识、自律意识、党性觉悟等方面很难得到提高。他们不但对党的路线方针政策认识不足,最关键的是面对一些政策利好和资源资产资金落地时,难以保持公平公正、洁身自好的心理定力。一些惠农政策利好被内部人"照管"或"分肥",一些惠农项目资金被挪用或侵占等大都由此而生。有些还引起了群众的上访告状,给农村社会治理带来了许多不安定因素。

二是农村基层干部待遇普遍较差,给农村"微权"腐败形成了主观可能。由集体所有制下农村集体资产缺少收入渠道,农村基层干部现有薪酬机制所决定,农村基层干部的收入与城市基层干部的收入差距一直存在并越来越明显,造成一些农村基层干部心理失衡。据调查了解,目前我国村支书的月平均工资大体在2000元左右,远

远没有一般外出务工人员的收入多。加上受社会不良风气的影响，一些农村基层干部在价值取向上出现偏差，存在盲目攀比甚至产生"找机会捞一把"的想法，无形中给农村"微权"变异提供了心理温床。此外，一些乡镇（街道办事处）对村（社区）干部"重用轻管"，平时只记得给他们压任务，对他们的物质待遇和利益诉求习惯性不重视，使一些农村"微权"在握的基层干部将自己混同于一般群众，产生了大量的依仗权力与民争利、侵害人民群众利益等现象。

三是农村基层干部管理制度机制不完善，给农村"微权"腐败提供了空间。就目前情况来看，首先是监管存在漏洞。比如，《中华人民共和国审计法》第三章第二十五条规定："审计机关按照国家有关规定，对国家机关和依法属于审计机关审计监督对象的其他单位的主要负责人，在任职期间对本地区、本部门或者本单位的财政收支、财务收支以及有关经济活动应负经济责任的履行情况，进行审计监督。"这一规定使村级组织负责人游离于审计机关的监督对象之外，给村级干部"微权"逃避审计监督留下了可乘之机。其次是权力使用任性。地方基层干部权力运行普遍缺乏比较明晰的"权力清单"，基层干部在重大事项决策、项目招投标管理、资产资源处置等存在随意性。在村一级，村民宅基地审批、计划生育审核、困难补助申请、土地征用款分配以及村民使用村级印章等便民服务事项还缺乏公开、公平、公正的办事程序和制度规范，以至于少数人说了算，甚至暗箱操作的情况时有发生。再次是群众监督乏力。广大人民群众对"微权"的监督是最为根本最为有效的途径。但随着农村大量青壮年劳动力外出务工或在外定居，造成农村人力资源的"空心化"和大量权利主体流失，而在家的留守人员大多为文化水平较低、监督意识比较缺乏的老人、妇女和儿童，这就给农村基层治理和"微权"监督带来了严峻的挑战。

四是农村基层干部法律主体长期没有确立，给"微权"腐败治理造成了漏洞。在当前的国家治理体系中，村级不是一级政权组织形式,法律也没有赋予相应的行政权力。村干部通常是在"自治"的制度框架下,协助或代表上级政府处理日常社会治理事务。这种体制使长期以来反腐法律制度对农村"微权"腐败无可奈何。因为村干部不是"国家公务人员"的主体,构不成贪污罪、挪用公款罪、受贿罪等犯罪的主体要件,其违法行为只能按职务侵占或企业人员受贿等非国家工作人员的罪名查处,法律的威慑力大打折扣。在过去相当长的时间里,在村干部协助人民政府从事7种管理事务的情况下,产生贪污、受贿和挪用公款等行为由人民检察院负责管辖,而在管理村民自治事务的过程中,利用职权侵占集体财物、挪用集体资金的则由公安机关立案侦查。这种"自治"与"公务"的交织状态,会经常出现检察机关与公安机关"两不管"的现象。

二、当前农村"微权"异化的主要特征及表现

由村级基层政权的自身特点、产生形式和运作方式所决定,农村"微权"变异往往呈现以下几个特征:一是手段和方式花样容易翻新。河南省廉政理论研究中心通过对30起"微权"腐败案件的研究分析发现,基层"微权"腐败存在着多样化的特点。"微权"腐败主要集中在征地拆迁、土地出租、集体资产管理和财务管理等领域,手段有贪污、受贿、骗取、私分、套取、挪用等6种,仅征地拆迁就有私占存储、虚报征占、张冠李戴、欺上瞒下等多种贪腐方式。二是"抱团腐败"现象比较突出。城镇化进程中巨额的拆迁补偿、升值的集体资产,很容易使一些村干部抱着盲目攀比、法不责众、"不拿白不拿,拿了也白拿,他拿我也拿"的心理,往往在沆瀣一气、利益均沾中,形成基层"塌方式腐败"。三是涉案数额往往触目惊心。从河南省近年来公开查处的部分村干部腐败案件来看,"小官巨腐"的现象屡见不鲜,一些村干部胃口之大、贪腐数额之惊人,让人触目惊心。四是"一把手"违纪多发。一些村主要干部胡作非为,影响恶劣。河南省纪委信访室2014年公布的一组数据显示:在河南省专项治理的基层腐败案件

中,4000名涉案人员中村支书(村委会主任)就占了1501人。

这些特征突出反映了当前农村"微权"腐败的现状和程度。其原因是多方面的,但最根本的是"自治"权力被异化,集中表现在以下几个方面。

一是"自治"权被操纵异化。随着农村的改革发展,不少农村地区的涉黑涉恶人员和宗族势力开始侵入基层政权,这些人员依仗自己家族和亲属势力或利用其他手段操控农村基层组织选举。当选干部后就开始侵占集体财产,在村里横行霸道,欺压残害村民,严重破坏了村民正常的生产生活秩序,也危害了国家的利益。特别是在一些经济相对活跃的城乡结合部,个别村两委班子正在成为黑恶势力争夺的目标。黑恶势力催生下的村干部往往目无法纪、胆大妄为,借助城镇化中的征地拆迁、工程承包、政策补偿等大肆非法攫取利益,成为老百姓深恶痛绝的"黑老大"。

二是借"自治"权假公济私。随着城镇化发展和乡村振兴战略的实施,一些农村基层干部手中的权力也日益膨胀,有些村干部为获得更大利益,常常借助手中掌控的土地承包权、宅基地审批权、村办企业用人权等为家人及亲戚谋取私利。一些村办企业虽然名义上属于集体所有,但真正的财产处置权和经营管理权几乎全部掌握在自己亲属手中。村办企业成为名副其实的家族企业,村办企业的集体财产随意被他们暗中挪用和消费。

三是对"自治"权难以形成有效监督。城镇化快速发展和乡村振兴战略加快,农村基层干部起着举足轻重的作用。按照《村民委员会组织法》和相关政策规定,农村基层治理的事务应由村民代表大会决定,被选举出的村干部应该忠实履行职责,带领群众集体致富。然而,在经济利益诱惑面前,往往有些村基层干部"一朝权在手,便把令来行",在一些重大问题决策过程中剥夺村民的知情权和监督权,搞"家长制""一言堂",什么事情都要个人说了算,处处都要树立自己的权威。这种情况严重破坏了农村基层民主制度,进而严重损害党和国家的执政形象和执政基础。

三、农村"微权"治理的努力方向与对策建议

加强农村基层政权建设、治理农村权力异化问题,必须以推进全面从严治党向基层延伸为主线,全面把握城镇化建设和乡村振兴的新形势,把握"微权"特点、尊重"自治"规律。从党性教育、队伍建设、监察监管等方面加大力度,坚持深入持久地开展农村"微权"的综合治理,为推进基层治理体系和治理能力现代化探索新路。

一是全面提升基层党组织的组织力。第一,要加强农村"两委"人员的民主选举工作,坚决打击操纵基层政权特别是干扰选举的黑恶势力。不断创新农村选举的途径和方法,通过群众推选、组织选派、公开招聘等方法,配齐配强基层党员干部队伍,彻底解决基层党组织软弱涣散、群众信任度低、组织能力不强的问题。第二,要加强对农村党员干部的教育培训,把村"两委"班子培训教育列入组织部门党员干部教育体系规划之中,形成常态化、规范化、制度化的基层干部教育培训机制,增强基层党员干部党性意识和履职能力。第三,要全面落实县乡两级党风廉政建设"两个责任"。党委负主体责任,纪委负监督责任,这是党风廉政责任制的两个基本支点,责任追究制度是两个基本点之间的联系,通过责任追究制度使两个基本支点之间形成稳固的桥梁。"两个责任"是党章赋予党委和纪委的重要职责,认真落实"两个责任"是党风廉政建设的关键,这就等于抓住了推进党风廉政建设和反腐败斗争的"牛鼻子"。治理"微权"腐败,也必须要求各级党委和纪委切实履行好这"两个责任"。

二是保持惩治农村"微权"腐败的高压态势。"千里之堤,溃于蚁穴。"基层"微权"虽小,但事关取信于民、执政之基。近年来,中央反复强调要着力转变基层干部作风,加大对农民群众身边腐败问题的监督力度。要切实把基层党员干部的违法违纪问题作为办案的一个重点,结合运用法律、纪律、组织处理等手段,对违纪违法案件进行严

肃处理。严肃党的纪律,真正发挥查处一案、教育一片、稳定一方、净化社会风气的作用,促进基层党风廉政建设的深入开展。必须引起高度重视的是,不少农村黑恶势力之所以猖狂,是因为山外有山,村外有"伞"。这些"靠山"力量和"保护伞"与农村的不法势力纠集在一起,给党和政府的执政基础带来严重破坏。必须把打击黑恶势力犯罪和反腐败结合起来,严厉打击"村霸"和基层干部黑恶势力,深挖黑恶势力"保护伞"。对于充当黑恶势力"保护伞"的国家机关工作人员,做到一查到底,除恶务尽,绝不姑息。

三是整合各种力量形成全方位的监督体系。长期以来,上级部门对基层党委政府监督的缺失,也是基层权力制约不到位、出现异化的原因之一。要加强监督政治权力滥用,就要参照向上看齐,整合监督力量,构建起横向到边、纵向到底的监督体系。第一,发挥纪委对基层党支部的监督作用,村党支部作为党的最基层的一级组织,是党要管党、从严治党,落实党风廉政建设"两个责任"的第一道"关口"。通过设立纪检委员,将监督关口前移,做到小事情早提醒、小问题早发现、小错误早纠正。对基层权力运行情况进行跟踪检查,对党员干部廉洁自律、作风建设情况实时掌握,对党员干部违纪问题及时向上级纪委反映。第二,发挥监察委对基层公权力的监督作用。按照中央和省委对监察体制改革的进度和要求,积极推动监察职能向基层延伸,实现对基层所有行使公权力的工作人员全覆盖,依法开展监督、调查、处置的职责。第三,发挥审计对基层重大事情的监督作用。聚焦社会事业发展领域,重点关注基层政府和干部履行经济责任和发展农村社会事业的情况,把想干事、能干事、干成事的导向贯穿审计始终;聚焦基层干部履行职责,加大对重大经济决策、扶贫资金管理使用、强农惠农政策落实、农村集体资产管理等领域的审计监督力度;聚焦村务公开情况,重点查纠村务不公开、假公开、不及时公开等问题,指导和督促村级经济组织建立健全民主监督制度,严格执行村务公开、村情月报等制度,全面接受党员、村民代表以及社会监督,扎实推进党务、政务、财务公开。第四,发挥群众对关乎切身利益的监督作用。强化村民自治意识,完善村民自治运行机制,推进村级集体事务公开,做到凡是关系集体经济组织各成员切身利益的事项,都必须经村民大会或村民代表大会讨论决定,并详细列出逐一说明。

四是以法治手段加强"微权"管控。推进权力规范化、法治化,权力于法有据、依法行使、受法制约是法制建设的重要内容,也是对基层组织和干部进行权力约束的内在要求。要按照相关法律法规及政策规定,依法设定基层组织特别是村级党组织、村委会及村干部的权力,制定行使权力清单,明确其法定权力和责任,使每一项权力行使都做到流程完整、环节清晰、公开透明。特别是要加快建立与农村"微权"相对应的责任清单制度,明确责任事项、责任主体、追责情形,坚决纠正不作为、乱作为、慢作为,确保行政权力"不越位""不错位""不缺位"。要充分发挥监察委在基层"微权"异化治理中的组织协调功能,既要依规依纪查处农村党员干部严重违纪案件,又要积极协调公安、检察和法院等部门及时进行依法处理。同时,还要解决基层组织管得过宽过多和直接干预微观经济活动的行为。按照"职权法定、程序法定、简政放权、质量第一"的原则,在对所有行使权力的基层组织进行系统梳理清查、摸清行政权力底数的基础上,取消、下放、转移和整合有关行政权力,该放的坚决放开、放到位,实现"权力大瘦身"。

参考文献

1. 乔德福:《预防村官腐败机制研究》,中国社会出版社2010年版。

2. 唐金培:《近年来村干部腐败现象透析》,《中州学刊》,2013年第11期。

3. 万银峰:《城乡结合部的"村官"腐败问题及其治理》,《中州学刊》,2015年第8期。

4. 王木森,王东:《微权清单式村治:法治村治的未来模式》,《改革研究》,2015年第4期。

5. 李强:《权力清单制度:给行政权力打造一个制度的笼子》,《求是》,2014年第1期。

6. 刘洋:《"微权力"与"微腐败"》,《共产党员》,2015年第23期。

7. 刘正军,刘洋:《紧盯"微权力",严查"微腐败"》,《中国纪检监察报》,2016年11月2日。

8. 陈青,李新亮,周勤:《城镇化中防治腐败的调查与思考》,《中国纪检监察》,2014年第16期。

9. 闫健:《村民自治呼唤公共精神》,《学习时报》,2012年4月30日。

基层大数据反腐的实践应用与发展策略研究

庄德水[①]

摘 要:大数据反腐是基层政府治理的新趋向。目前,基层政府将大数据应用于反腐工作,形成监督工作模式、执纪工作模式、问责工作模式和考核工作模式。从运行现状来看,基层大数据反腐存在与纪检监察工作机制不完全匹配、数据处理技术落后以及忽视大数据本质等问题。下一步,按照国家政策要求,要实现政府信息和社会信息的融合、创新大数据处理技术以及加快推进大数据人才培养。

关键词:大数据;反腐;纪检监察;扶贫

大数据是一种时代趋势,既是一场技术革命,也是一场国家治理变革。牛津大学教授在其著作《大数据时代》中说:"大数据是人们获得新的认知、创造新的价值的源泉,还是改变市场、组织机构,以及政府与公民关系的方法。"无论你是青睐或是讨厌,我们都生活在处处是"数据"的时代,这些数据包括数字、文字、图像、视频、声音等,我们每天打电话、上网等行为都在不断地增加数据总量。大数据已成为一种事实存在,我们唯一能做的就是认识大数据,接受大数据的存在,同时做好应对大数据的准备。与此相适应,近年来,一些基层政府运用大数据开展反腐败工作,积极探索治理模式,"数据铁笼"成为

---

① 庄德水:北京大学廉政建设研究中心副主任、政治学博士。

管住"任性"权力、整治"微腐败"的利器,为新时代基层反腐提供了新的工具和思路。

一、基层大数据反腐的实践应用

不同基层政府采取不同的大数据反腐方式。有的基层政府发挥大数据平台作用,对可能发生的违规违纪行为进行监控。进入核查视野的数据并非一定存在问题,但可以提供支持性资源,有利于专门的执纪部门聚焦核心,缩小范围,精准地发现问题。比如哈尔滨市"大数据"平台打破政务、社会大数据的壁垒,实现共享。平台有11个模块,汇集201类、312亿条数据,涵盖全市47万余名党员干部及公务员信息,可做到身份、房产、车辆、企业注册、银行轨迹等关键信息"一站式"查询。大数据还可对个人收入、房产、经商、出境、民主测评等重要事项自动预警。例如,哈尔滨市公安局交警支队考验处原处长侯某任职前后消费水平明显变化,引起注意。侯某任职5年乘航班54次,头等舱占24次,而此前4年乘航班19次,无头等舱;任职后妻子出国(境)18次,而此前仅出境1次。哈尔滨市人大预算工作委员会原主任朱某的房产多达11套,狡猾的他并未把这些房产都写在自己的名下。但哈尔滨市纪委调查人员利用大数据发现,有11套房的水电气费、物业费都是由朱某缴纳的。2016年5月,哈尔滨市纪委对其进行了立案审查。

随着政府信息化的发展,多年来一些基层政府建立了电子监察系统,使之作为技术监督的重要载体。大数据的融入,让基层政府电子监察系统更加多元化,传统电子监察系统与其他信息系统相整合,在原先功能的基础上,更加突出监督效果。比如浙江省绍兴市柯桥区在原有的电子监察中心平台基础上,接入公安、信访、税务等相关单位信息专线,探索打造"1+3"党风廉政信息监察中心。"1"即监察对象基本信息数据库(个人基本情况、组织关系等),"3"即监察对象权力运行信息数据库(如审计、网络舆情、公车使用、财政资金使用等信息)、社会活动信息数据库(劳动、社保、税务等信息)、家庭生活信息数据库(出行记录、不动产登记、通信等信息)。该区监察对象的出行记录、银行卡和信用卡消费记录等,都会在监察中心全程留痕。同时,通过在监察中心抓取信息,就能还原涉案人员的活动轨迹,包括其通话记录、聊天记录、消费记录等,并从中挖出腐败问题线索。在绍兴市柯桥区平水镇某项目实施过程中,存在工程量、工程单价及工程总价均大幅超过预算的问题,而当地党风廉政信息监察中心恰恰捕捉到了这一信息。

  一切行为都会留下信息痕迹。大数据可以涵盖所有公职人员的活动及其涉及的人、地、物,借助不同的数据来源进行信息比对,对监督对象的行为信息进行分析。特别是在基层扶贫领域,利用大数据技术可以有效地甄别扶贫对象,防止假的贫困户。河北省滦县纪委引入专业信息数据公司,逐条厘清国家有关政策和界定标准,形成一个个代码,建立了一个模型软件,再将25.67万条相关信息按照统一格式导入模型软件。软件自动对比、分析,快速、精确地查找出违规办理的对象,然后再顺藤摸瓜,揪出责任人。大数据监督平台仅在1个月时间内,就完成了对569户低保户个人经商、纳税、电费、话费、持有股票、存款、机动车购买等多类别、超大量数据信息的比对分析。低保办理过程中出现的信息要素不全、工作记录缺失、收入超出规定等情况,甚至个别低保户拥有巨额存款、高档汽车、大平方米住房和股票账户等情况,一一呈现在监察者眼前。准确筛查出问题,认定追究责任不差一人、不错一户,监督没有盲区、不留死角。对大数据监督平台比对分析发现的问题线索,及时组织排查,严格按照五类标准进行处置,强化责任认定。

  大数据技术可以让监督工作更便捷,从而提高工作效率。在传统数据时代,基层政府在收集和分析信息方面存在现实困难,需要耗费大量的人力物力用于数据处理。而在大数据时代,利用大数据平台或数据分析手段可以对海量的综合数据进行分析。江苏昆山市纪委通过大数据筛选、核查能够在短时间内发现问题;通过查询GPS定位、ETC消费等信息,轻松搜集、固定证据;通过大数据横向对比分析,及时掌握本区域内"四风"问题多发、易发领域。昆山市运用税务部门的票据系统,针对全市机关事业单位的下属企业,把税务票据信息提取出来,着重对其中涉及旅行社、商场、餐饮等场所的开票信息,逐一审查,分析研判,调查核实原始凭证。利用公安视频监控系统定期调取重要时间节点全市各主要路口等地交通行驶记录,同时抽查全市公务用车清理整改情况。利用财政部门的"国库集中支付系统",锁定重点部门,核查经费支出明细。广西北海市在原有惠民惠农资金监管平台的基础上,进行系统升级,打造集民生资金数据查询、数据预警、数据分析为一体的党风廉政建设大数据分析平台。通过连接全市各部门、各系统的信息,整合廉租房、农村危房改造、低保等数据信息,进行信息比对和分析,精准捕捉问题征兆。截至目前,已经完成对全市城乡低保、危旧房改造、廉租房、水库移民等系统信息的分析比对。

大数据具有开放性,有利于社会公众接近政府信息,也利于社会公众向政府提供监督信息。贵州省纪委监委探索开展"数据铁笼"监督试点工程建设,依托数据技术建立民生资金监督系统,24小时不间断实时监督,实现了民生领域监督执纪从"粗放式"向"精准化"的转变。2017年7月,山东九龙屯村村民薛某林在村民生监督终端机上查询发现,自家2014年享受的危房改造补助款是12300元,可实际到手仅11800元。随后经镇纪委查实,村委会会计张某平以"手续费""照相费"等为由,分别克扣22户危房改造户补助款共计15800元。2018年1月,张某平受到留党察看一年处分,违纪所得返还群众。

大数据简化了责任评价和绩效评价方式,可以随时产生评价数据。河南淮阳县建立全面从严治党落实"两个责任"与监督网络平台,建立"一网两单三问"两个责任体系,对落实"两个责任"、纪律作风建设、微权力行使等情况进行全方位、全过程的自动采集,并转化为监控指标。系统后台一共有6大类、29项监控指标,实时掌控各基层单位日常工作中可能存在的问题。专门制定三色灯预警和问绩、问效、问责制度,平台通过监控前设定的指标,并加权汇总,累计积分,当达到一定分值时,平台会自动预警,提醒县纪委依据不同预警等级约谈其主要领导。两个责任体系将责任的落实固化为系统程序,形成责任分解、监督检查、倒查追究的有机链条,实现"掌上看、照着办,平台在计算,排名网上判,年终奖惩必兑现"的现代化管理体系。

从以上分析可以看出,基层政府越来越重视大数据应用,渴望把大数据技术融入政府治理,使之成为政府治理的重要支撑。大数据不再是一个陌生的词语,在政府治理管理实践中,大数据甚至已成为一个时髦,代表着一个政府是不是愿意接受新事物。

二、基层大数据反腐的现实挑战

纪检监察体制与大数据运作方式不匹配。从当前基层政府大数据反腐应用的现状来看,我国尚未将大数据运作方式与纪检监察体制进行有效对接,从而影响反腐整体绩效水平。大数据的核心是预测,通过数据的分析,捕捉监督对象的行为趋向。从目前基层大数据反腐实践来看,大数据的预测功能并没有充分发挥出来,或者说,预测现在并不是现行大数据反腐的重点。而这种状况很大程度上影响了大数据反腐的应用。如果仅仅是满足于对数据资料的收集和处理,不重视数据预测功能的开发和运用,那么大数据反腐将沦为监督执纪的一种辅助性工具,仅停留在数据分析层面,而这些工作利用一般的数据统计软件即可实现。真正的大数据是一般数据统计软件所无法替代和实现的,若能用一般的数据统计软件进行分析,那么其本身意味着数据还未达到够"大"的程度。大数据的关键技术包括遗传算法、神经网络、数据挖掘、融合与集成、机器学习、情感分析、网络分析等,只有运用或涉及这些技术应用才能体现大数据技术特征。换言之,当前基层大数据反腐已有思维成果,但离真正的"大数据反腐"还存在距离。有些基层宣传的"大数据反腐"并不是真正意义上的大数据反腐,充其量是反腐的信息化。

对大数据的理解有两个方面最容易引起混淆:将大数据等同于"数据大",将大数据等同于"统计分析"。大数据的基础是"数据大",是拥有海量的数据资源作为内容支撑,但是大数据又不仅仅止步于"数据大"。拥有数据本身并不会增加任何价值,大数据之"大",应该从大价值上去理解,单一数据一样有价值,数据的最大潜在价值在于整合。大数据的威力体现在如何处理、分析这些数据,基于这些洞察又将采取怎样的行动,以及如何利用这些数据来改变业务等方面。

大数据反腐工具和相关技术较为落后。大数据的生成是一个自发过程,一部分大数据生成需要人工录入,更多的是来源于业务流程和自动记录,不需要人工因素。大数据来源于多个数据源,既对传统数据进行拓展收集,也借助新媒体纳入全新的数据源。大数据形式包含了结构化数据和非结构化数据。从现在基层大数据反腐情况来看,反腐大数据主要来源于业务。数据生成的方式比较单一,数据源集中于政府开放数据,对于官员个人数据收集侧重于公共数据,对其个人隐私数据几乎不涉及。大数据的形式基本上是结构化数据,非结构化数据收集不到位,大量可资利用的数据会游离于大数据平台之外。大数据平台作为一项新工具,整合了不同的政府开放数据和部门业务数据,但平台的运作呈现封闭化特点,数据自我更新和再生产能力不足。从原理上说,大数据一旦达到一定的数量,就会自动衍生出全新的数据,这些数据并非要工作人员录入,而现行大数据平台仍需要大量的人力参与。另外,大数据平台的数据交流和吸纳能力不足,这些平台主要收集政府部门内部业务信息,对海量的社会信息缺乏关注。

在实践中,基层反腐仍缺乏大数据思维。大数据不同于传统的小数据,在大数据时代,思维方式已发生了三个重大变化:一是分析与事物相关的所有数据,而不是依靠分析少量的数据样本;二是乐于接受数据的纷繁复杂,而不是追求精确性;三是不再探求难以捉摸的因果关系,转而关注事物的相关关系。从实践情况来看,一些基层政府把所开展的社会公众满意度调查也视为大数据技术,这恰恰错误地把小数据等同于了大数据,并不是说抽样数量大,就是"大"数据了。在抽样调查中,基层政府研究人员根据理论需求设计问卷,并测量社会公众对问题的看法和态度。这些抽样调查数据经过专门的分析软件进行分析和处理,遵从数理统计定律,所得结果对特定现象和态度具有解释意义。大数据要求不经过任何抽样,直接对全样本的复杂数据进行实时分析处理,传统的技术手段是难以满足这方面的处理能力和需求的。不可否认,小数据也有其优势,"小数据研究不仅能收集已经发生的事情的数据,还可以收集未发生或发生概率渺茫的事件信息,比如通过情景设置的方式或实验的方法来检验受访者在假设情景中可能出现的态度和行为,这显然是大数据研究很难做到的"。但大数据研究能够突破小数据的局限性,跨越不同小数据研究之间的壁垒,实现更大范围和规模内的数据分析。"当数据处理技术已经发生了翻天覆地的变化时,在大数据时代进行抽样分析就像在汽车时代骑马一样。一切都改变了,我们需要的是所有的数据。"利用大数据织牢反腐的天罗地网,不仅要消除部门之间的信息壁垒,通过对数据进行整合、分析、比对,甚至是预判来弥补以往监督的盲点,还需要尽可能地开放政府的数据,包括技术上打通公众反馈和监督的数据平台,让无数的监督者可以获取信息,洞察信息,形成各种数据的互联互通。有的基层政府为了迎合时代主流,把原先的信息化工作简单改个时髦的"大数据"名称,就自我宣传已开展大数据反腐和大数据政府治理了。但大数据反腐有其内在规律性和标准化体系,只有达到一定标准、体现工作特质,才可称得上是进入大数据的反腐阶段。

三、大数据反腐的发展对策

2015年十八届五中全会首次提出"国家大数据战略",《促进大数据发展行动纲要》发布;2016年出台《政务信息资源共享管理暂行办法》;2017年实施《大数据产业发展规划(2016—2020年)》,按照规划我国将建成国家政府数据统一开放平台。"大数据"已上升至国家层面,习近平在中共中央政治局第二次集体学习时强调:"要运用大数据提升国家治理现代化水平。要建立健全大数据辅助科学决策和社会治理的机制,推进政府管理和社会治理模式创新,实现政府决策科学化、社会治理精准化、公共服务高效化。""要充分利用大数据平台,综合分析风险因素,提高对风险因素的感知、预测、防范能力。"与此相适应,要实现基层反腐的大数据化,让"微腐败"在大数据面前无所遁形。

1. 数据融合是大数据反腐的首要问题

信息跨部门、跨区域共享是大数据时代提升基层反腐能力的客观要求。政府系统内部存在金税、金关、金财、金审、金盾、金宏、金保、金土、金农、金水、金质、金纪等信息系统。由于垂直管理部门和地方政府之间的"条块分割",加之相关法规制度的不完善和统一数据标准的缺乏等原因,数据开放程度较低,部门和政府之间依旧存在着"不愿开放、不敢开放、不会开放"数据等问题,造成"数据孤岛"。要打破不同政府部门之间的数据壁垒,实现政府部门与相关行业之间的数据共享,提升大数据反腐的全面性和精准性。政府部门实质上是大数据的实际掌握者。反腐大数据应用的关键在于打破"数据孤岛",让数据互联互通,达成数据共享。在实践过程中,一些政府部门将数据资源部门化,对数据共享存在抵触情绪。大数据的奥妙之处在于,不同来源不同类型的数据经融合可能会被挖掘出原来发现不了的结果。基层政府在大数据覆盖面方面要逊色于其他层面的政府,无法获取一些关键性数据,如果其他层面政府不能给予数据支持,那么就会影响基层政府的反腐决策和执行。要实现基层政府与上级政府的数据传输无障碍,基层政府就要有权从上级政府的相关专业数据库中获得所需数据。为此,各个政府部门要摸清本部门的数据家底,建立数据清单,包括数据存量、数据类型、更新频率、是否涉密等,并且结合自身业务需要及大数据应用需求,提出对其他部门的数据需求清单。

2. 创新大数据反腐技术的应用,提升反腐的精准化精细化水平

大数据技术行政监督等领域具有得天独厚的技术优势,决策者借助数据分析技术进行大数据的深度挖掘,进而对政府事务做出科学预测,提升反腐决策的合理性与科学性。现在各地都在探索建立"纠错""容错"机制。大数据可以通过海量舆情分析,评估改革创新的必要性、民意认可程度、探索失败的价值,及时消除负面影响,让改革创新者感觉到有依靠,释放出更多的工作活力。大数据可以为"纠错""容错"的决策提供技术性支持,让监督执纪更符合工作实践,更好地保护干部干事创业精神。要建立数据资源监管机构,对现有资源进行整合。要出台大数据技术、协议、标准等规范,统一政府各部门数据编码、处理、共享、交换标准。要强化数据平台建设,完善大数据反腐信息平台系统建设,依托政府政务内网、政务外网、互联网,构建应急指挥调度系统,分别搭建反腐管理统一信息平台。要充分整合公安、交通、金融、工商等单位及社会各方面的图像资源,搭建基于空间地理信息系统的图像平台,为开展反腐决策提供支持。反腐大数据平台要将所有监管数据存入数据库,以便检索和利用。对外则建立统一的监管数据应用平台,与政务数据开放共享网站相对接,推进监管数据的可视化操作,方便社会公众即时查阅并参与反腐。

3. 明确大数据反腐的地位和作用

要克服思想认识误区,既不能把监察电子化、监督信息化视为大数据反腐工作内容的全部,也不能把大数据手段视为一种可有可无的摆设,仅满足于应付上级检查。而应根据已有的实践成果,对大数据反腐制定统一的规划指导,明确基本规范、主要标准、主要模块、主要流程和基本内容。要完善大数据反腐运行机制,把现代大数据技术手段与国家监察内容相结合,并把国家监察内容重新梳理,为语言编程和程序开发提供素材。与此同时,大数据技术手段要以国家监察内容为基础,不能简单替代原有的工作格局,对发现的问题要及时纳入大数据反腐范围,形成统计分析数据,并深入剖析问题的发生根源。要建立大数据反腐的评估机制,即对大数据工作本身进行评估,及时发现工作流程中的不足和缺陷。要完善大数据反腐制度。结合大数据发展趋势,制定符合本地区本单位实际的规章制度,这些规章制度要涵盖大数据反腐的操作规程、数据处理、预警分析、风险防控、案情分析等方面。要树立大数据反腐质量管理观念,对每一项大数据反腐任务的实现情况、大数据反腐工作的开展情况以及大数据反腐人员的履职情况都应记录管理,用规范化制度保证大数据反腐工作效能。要编制大数据反腐标准体系表,明确标准体系结构图、标准明细表、标准统计表、标准规划表和编制说明等,对可能影响大数据反腐的相关因素制定相应的标准并加以控制,对纪检监察机关及其工作人员的职权以及行使范围设定标准,进一步实现大数据反腐的规范化管理,推动大数据反腐与其他政府管理工作的对接。

4. 人才培养是关键

要加大宣传和培养力度,增强大数据意识和能力。大数据时代对于纪检监察人员的思维方式提出了转变的要求,不仅需要相关人员积极主动地学习先进的大数据管理技术,更需要相关人员将大数据管理理念与思维渗透到反腐创新之中。要提高政府数据管理人员的大数据意识,发挥自上而下宣传的作用,组织大数据管理和应用培训,学习大数据前沿知识,转换大数据思维,接触大数据实践。要尽快培养和造就一支懂指挥、懂技术、懂管理的大数据反腐专业队伍。适应大数据反腐时代的即时处理需求,要求相关纪检监察人员能够应对大规模、非结构化、离散化大数据存储与检索技术,掌握智能挖掘自然语言处理、可视化展示等大数据分析挖掘和处理技术。通过借调轮岗、挂职锻炼、专题培训等方式,锻炼大数据技能,提升纪检监察人员的大数据实践能力。加大对大数据及相关专业人才的引进力度,提升纪检监察队伍的理论化、专业化水平。积极开展对外知识合作,联合组建"智慧反腐"智库。

参考文献

1. 吕长青:《一本书读懂大数据》,北京工业大学出版社2016年版,第5页。

2. 维克托·迈尔·舍恩伯格,肯尼思·库克耶:《大数据时代》,浙江人民出版社2013年版。

3. 张新新:《变革时代的数字出版》,知识产权出版社2016年版,第298页。

4. 马建堂:《大数据在政府统计中探索和应用》,中国统计出版社2013年版,第11—12页。

5. 唐文方:《大数据与小数据:社会科学研究方法的探讨》,《中山大学学报(社会科学版)》,2015年第6期,第144页。

6. 肖路:《善用大数据提升反腐实效》,《苏州日报》,2017年12月15日。

7. 《审时度势精心谋划超前布局力争主动　实施国家大数据战略加快建设数字中国》,《人民日报》,2017年12月10日。

8. 高小平:《大数据与政府改革创新》,《光明日报》,2016年12月21日。

监察权的监督制约研究

张伟斌[①]

一、现行国家监察体制的基本特点:相对独立、相对集中

在全面总结国家监察体制改革试点工作的基础上,2018年我国通过修改宪法和制定《中华人民共和国监察法》(简称《监察法》),以立法的形式正式确立了具有中国特色的国家监察体制,这是中国共产党领导下的反腐败体制建设的重大成就。这一国家监察体制有着比较鲜明的基本特点,笔者将其概括为"相对独立、相对集中"。对于这一原则,笔者之前曾做过思考:"从监督本身的要求出发,要实行有效的监督,就必须增加监督主体的独立性和权威性。改革和完善现行监督体制、机制,总的思路是必须围绕八个字做文章,即监督权必须'相对独立、相对集中'。古今中外的历史表明,任何有效的监督机制,无不把保障监督主体的独立地位和充分权限作为其运行的基本原则。"笔者认为,当前新构建的国家监察体制,体现了监督权"相对独立、相对集中"的原则,非常具有合理性。

(一)关于"相对独立"

这次国家监察体制改革既总体上加强了党对反腐败机构的领导,同时也强化了党领导下的纪检监察系统的相对独立性。按照党

---

① 张伟斌:浙江省社会科学院党委书记、研究员。

章的相关规定,纪委的领导体制是双重领导体制,即受同级党委和上级纪委的双重领导。这样的领导体制是符合我国实际的,但从实践看,在过去相当长的一段时期,双重领导的协调关系发生倾斜,即事实上偏重于同级党委领导为主,而上级纪委的垂直领导相对弱化。十八大之前有这样的说法:"现在纪委的双重领导体制是条条有工作力度,缺少领导力度;块块有领导力度,缺少工作力度,形成了一个剪刀差。"因此,从这个角度而言,当时的纪委作为一个整体机构在垂直形态上是缺乏相对独立性的。而改革后的监察委体制,在纪检监察合署办公的背景下,明显强化了纪检监察系统的独立性,主要表现在大大强化了对国家整体监察系统的垂直领导。首先,十九大通过的党章修改内容中,第八章"党的纪律检查机关"中专门增加规定:"上级党的纪律检查委员会加强对下级纪律检查委员会的领导。"其次,《宪法修正案》中明文(现行《中华人民共和国宪法》第一百二十五条)规定:"国家监察委员会领导地方各级监察委员会的工作,上级监察委员会领导下级监察委员会的工作。"同时,《监察法》第十条也明文规定:"国家监察委员会领导地方各级监察委员会的工作,上级监察委员会领导下级监察委员会的工作。"最后,《监察法》在关于监察管辖、监察权限、监察程序(如留置)、监察决定的复核与复查等具体条文内容中都明确规定了上级监察机关对下级监察机关的"把控性"权力。总之,新构建的纪检监察合署办公的国家监察体制,明显加强了上下级的垂直领导,其作为系统的独立性相对加强。我们必须清醒地认识到,监察委的这种独立性是相对的,因为监察委必须坚持党的领导,党是领导一切的力量。国家监察体制改革的目的是构建党统一领导下的反腐败机构。

(二)关于"相对集中"

我国原来的反腐败资源力量是分散的,包括党内纪委系统、政府序列的监察系统、检察机关内部的反贪污贿赂与反渎职侵权系统,同时还包括两大腐败预防系统,即隶属于政府的预防腐败局和检察机关内部的职务犯罪预防部门。而国家监察体制改革的基本目标就是要组建党统一领导的反腐败工作机构即监察委员会,将行政监察部门、预防腐败机构和检察机关查处贪污贿赂、失职渎职以及预防职务犯罪等的工作力量整合起来,把反腐败资源集中起来,把执纪和执法贯通起来,攥指成拳,形成合力。根据《监察法》的相关表述,这就是构建了集中统一、权威高效的中国特色国家监察体制,实现了对所有行使公权力的公职人员监察全覆盖。但是这种集中统一仍然不是绝对的,而是相对的。因为监察委必须要在党的领导下开展工作,党委仍然担负着党风廉政建设的主体责任。

二、凸显的问题:谁来监督监督者

现行国家监察体制相对独立、相对集中的基本特点,必将有力保障反腐败工作的力度与效能,但也会凸显监察权本身如何受监督制约的问题。公权力需要监督,但监督权本身也是一项公权力,同样也需要监督与制约。法国启蒙思想家孟德斯鸠曾经说过:"一切有权力的人都容易滥用权力,这是万古不易的一条经验。有权力的人们使用权力一直到遇有界限的地方才休止。"换言之,作为监督权的监察权,同样存在滥用与失范的现实可能,"谁来监督监督者"这一古老的问题冷峻地摆在了我们面前。这不是杞人忧天,也不是无聊的逻辑游戏,而是基于客观情势。实事求是地讲,每个纪检监察干部的思想认识、素质水平和业务能力等不可能都整齐划一,而且他们作为现实生活中的人,也都会受到七情六欲、社会关系、私人利益等各种现实因素的影响,其对腐败也不是天然地具有免疫力。因此,纪检监察干部权力滥用与失范的风险和实例都是客观存在的,对此我们毋庸讳言。习近平总书记在十八届中央纪委第三次全会上就曾明确指出:各级纪委要解决好"灯下黑"问题。

具体而言,强大的监察权可能出现的滥用与失范主要有如下四种情形。①

（一）越权实施监察行为

所谓越权实施监察行为是指监察委及其工作人员逾越了法定的监察对象范围和职权范围。《监察法》第十五条规定了六大类监察对象范围，概言之即所有行使公权力的公职人员。同时，《监察法》第十一条规定了三大类职权范围。② 如果监察委及其工作人员对法定的公职人员以外的人员进行"监察"，或者采取法定的三大类职权范围之外的"动作"（例如对公务员的非职务行为进行所谓的"监察"），那么均属于越权行为。从已有的普遍经验看，公权力发生越权是客观存在的现象。监察权作为公权力，也不能完全排除这种可能。

（二）监察程序违法

在法理领域有一个概念叫"正当程序"。正当程序原则或理念在宪法、刑事诉讼、民事诉讼乃至行政执法领域都得到了推崇或实际确立。我国监察委体制是一个新生的事物，监察活动中未必可绝对套用"正当程序"概念。但是，任何行使公权力的活动，其程序的重要性都是不言而喻的。程序不仅影响着实体处理结果，而且其本身即具有独立的价值。我国《监察法》第五章专门规定了"监察程序"，涵括管辖、线索处置、调查和处置等各环节程序，其中包括了众人高度关注的留置措施的程序。这些监察程序属于法定程序，监察委及其工作人员必须严格遵守，但是，不能排除实务中某些监察委或其工作人

---

① 实务中，监察权的滥用与失范情形应该还包括不当行使裁量权。监察裁量权的不当行使不属于合法性范畴，而属于合理性范畴，就目前而言还不是社会关注的重点；且关于监察权行使的细则性规则尚未出台，难以衡量、评判监察裁量权的合理尺度。因此，暂时未将其作为监察权滥用或失范的"主要情形"来叙述。

② 具体是：（一）对公职人员开展廉政教育，对其依法履职、秉公用权、廉洁从政从业以及道德操守情况进行监督检查；（二）对涉嫌贪污贿赂、滥用职权、玩忽职守、权力寻租、利益输送、徇私舞弊以及浪费国家资财等职务违法和职务犯罪进行调查；（三）对违法的公职人员依法作出政务处分决定；对履行职责不力、失职失责的领导人员进行问责；对涉嫌职务犯罪的，将调查结果移送人民检察院依法审查、提起公诉；向监察对象所在单位提出监察建议。

员违反法定监察程序的现实可能。①

（三）监察处置决定错误

与监察程序相关的是作为实体结果的监察处置决定。我国《监察法》第四十五条规定，监察机关根据监督、调查结果，依法做出五种处置决定。这一条规定实际上是针对监察对象及其所在单位的，属于对"人"的处置。另外，第四十六条和第四十八条还涉及对违法所得财物的处置，这属于对"物"的处置。法理上而言，这些处置决定都必须建立在证据确实充分、事实清楚的基础上，同时必须要有相关明确的法律法规依据，笔者概括为"确有其事，依据明确"。监察处置决定只有符合"确有其事，依据明确"的原则，才是一个正确的处理结果。如果证据不确实、不充分，事实不清楚、不存在或者法律依据欠缺，那么该监察处置决定就是错误或不公的处理结果。② 这种错误的监察处置决定在实务中也是可能发生的，就像错误或不公的司法裁判客观存在一样。

（四）监察人员职务违法或犯罪

上述所谓监察程序违法和监察处置决定错误，都是直接针对案件本身而言的。而事实上，监察人员还可能存在案件本身之外却又与办案有关联的职务违法或犯罪行为。例如，私下接触被调查人、涉

---

① 2018年4月21日，湖南常德津市纪委工作人员突击检查教育系统办公用房后书写了一份问题通报："检查办公室时，发现抽屉有烟、咖啡、零食以及文件柜出现小说、散文等与工作无关的书籍。"该通报经津市市教育局纪检组微信群流出后，被广泛传播，并遭到广泛质疑。常德市委高度重视，迅速成立工作组，派人实地进行调查，并对规范监督执纪工作、严格落实中央八项规定精神做出了明确要求和具体安排。2018年4月26日，津市市委通过常德市委宣传部官方微信公众号"常德发布"回应称：此次检查过程中存在标准把握不准、检查方法不当、工作程序欠妥的问题。此中所指"检查方法不当、工作程序欠妥"，其实就是指程序违法。

② 我国《监察法》第六十一条规定："对调查工作结束后发现立案依据不充分或者失实，案件处置出现重大失误，监察人员严重违法的，应当追究负有责任的领导人员和直接责任人员的责任。"这里使用了"案件处置重大失误"的概念，实际上就是本文此处所讲的处置决定错误。

案人员及其特定关系人,打听案情、过问案件、说情干预,违法窃取、泄露线索信息或调查工作信息,乃至贪污受贿、失职渎职等严重职务违法或职务犯罪行为。我们通常所说的纪检监察"灯下黑",大体上就是指纪检监察人员自身的职务违法或职务犯罪。

三、关于完善监察权监督制约机制的初步思考

应当说,关于对监察权的监督制约,党和国家已经充分意识到并在立法上做了明确而周详的安排。《监察法》通篇都贯穿着如何确保监察权依法规范行使的思想,尤其是第七章还以专章的形式规定了"对监察机关和监察人员的监督"。综合《党章》《宪法》《监察法》以及《刑事诉讼法》等来看,现行党内法规和国家法律已经构建了比较完整的内部和外部的监察权监督制约机制。监察权的内部监督机制包括如下四个方面:一是监察事务部门分工制约机制[①];二是严格规范的监察程序[②];三是内部专门的监督机构[③];四是上级监察委对下级

[①] 《监察法》第三十六条明文规定:"监察机关应当严格按照程序开展工作,建立问题线索处置、调查、审理各部门相互协调、相互制约的工作机制。"实践中,一些地方的监察委(纪委),例如浙江,还实施了一种叫"前台"和"后台"分离的制约机制,即内部分成执纪监督部门("前台")和执纪审查部门("后台"),前者负责联系地区和单位的日常监督,不负责具体案件查办;后者负责对违纪违法行为的初核和立案审查,不固定联系某一地区或者部门,实行"一事一交办""一案一受理",防止被"围猎"。

[②] 《监察法》规定了比较严密的"监察程序",涵盖了管辖、问题线索处置、立案、调查、处置以及对监察处置决定的救济等一系列事务环节,初步形成了相对完备的程序体系,对实务中的监察工作将起到直接而重要的制约作用。

[③] 《监察法》第五十五条规定:"监察机关通过设立内部专门的监督机构等方式,加强对监察人员执行职务和遵守法律情况的监督,建设忠诚、干净、担当的监察队伍。"实践中,纪委系统早已普遍建立了纪检监察干部监督室,目的是加强对纪检监察人员的自我监督,解决好"灯下黑"问题。习近平总书记在十八届中央纪委第二次全会和第三次全会上提出,纪检监察机关和纪检监察干部要"打铁还需自身硬","各级纪委要解决好'灯下黑'问题"。王岐山同志在十八届中央纪委第三次全会上的工作报告中指出,要"从组织创新和制度建设上加强和完善内部监督机制"。设立纪检监察干部监督室是贯彻落实习近平总书记重要指示精神的具体行动。

监察委的垂直监督①。监察权的外部监督机制包括党委监督、人大监督、司法监督、民主监督、社会监督和舆论监督等。

总体而言,这些内部和外部监督机制若能运行到位,其对监察权的行使必能产生良好的监督制约效果。但笔者认为,与此同时,法律和实践都有一个不断完善的过程,在目前已经建构的监察权监督制约体制"四梁八柱"的基础上,还需要通过配套机制、制度建设促进和完善监督体系的落地实施。主要是:监察权的外部监督方式,其专业性与内嵌性有待进一步提升;而监察权的内部监督则过于"吃重"②,容易导致过于依赖监察委自身的自觉性与责任心。正如那句纪检监察界的名言,"信任不能代替监督",对监察权的外部监督仍然不是其内部监督可以替代的。

鉴于此,笔者认为,我们需要着力贯彻落实《监察法》所确定的监察权内部和外部监督体系,进一步积极探索和细化完善各类外部监督的机制和方法,促进形成内外监督合力。基本思路有两点:一是通过强化外部监督,传导、激活内部监督;二是提升外部监督的专业性与内嵌性,强化监督实效。具体阐述如下:

1. 强化党委领导性监督

党是领导一切的。《监察法》第二条明文规定:"坚持中国共产党对国家监察工作的领导。"实务中,监察委员会与党的纪律检查委员会合署办公,在同级党委领导下开展工作。领导本身就包含着有力监督,如经常听取纪检监察总体工作情况的汇报、某些重大事项的汇报以及具体个案的汇报及其审核把关,如对立案、采取留置措施、做出处分决定等审核把关,这些无疑都需要坚持贯彻落实。在此基础

---

① 如前所述,《监察法》在关于监察管辖、监察权限、监察程序(如留置)、监察决定的复核与复查等具体条文内容中都明确规定了上级监察机关对下级监察机关的"把控性"权力。

② 从实务部门的现实反馈看,各级监察委(纪委)也都倾向于内部监督,对这种内部监督充满信心,而对外部监督的妥当性表现出某种顾虑。

上,笔者提出如下两点进一步强化党委领导性监督的建议。

一是建立党委对纪检监察的专门巡视巡察制度。目前来看,开展巡视巡察工作的主体责任在党委,但实际承担巡视巡察工作具体职责的是纪委与组织部。因此,巡视"全覆盖"一般不会覆盖到纪委,目前实践中也没有同级党委巡视本级纪委的做法。众所周知,巡视制度对于加强党内监督,推进全面从严治党发挥了非常积极有效的作用。笔者建议,可考虑建立党委对纪检监察的专门巡视巡察制度,这对于加强党委对监察委的监督具有非常重要的现实意义。

二是健全党委主要负责人对监察委主要负责人谈话制度,党内谈话制度是开展党内监督工作的常规方式。《中国共产党党内监督条例》较为具体地规定了不同层级的党内谈话制度。谈话内容主要涉及从严治党、思想政治、廉洁自律、作风建设等方面。笔者认为,党委主要负责人就监察委(纪委)监察工作情况对本级监察委主要负责人进行专门谈话,完全符合《中国共产党党内监督条例》的规定精神。而最关键的就是要健全这样的谈话制度,使之真正起到监督的实效。

2. 健全人大监督

各级人民代表大会是国家的权力机关。按照修正后的《宪法》和新制定的《监察法》的规定,各级监察委员会由本级人民代表大会产生,各级监察委员会对本级人民代表大会负责,并接受其监督。同时,各级监察委员会应当接受本级人民代表大会及其常务委员会的监督。监督的具体方式包括:各级人民代表大会常务委员会可以听取和审议本级监察委员会的专项工作报告,组织执法检查;县级以上各级人民代表大会及其常务委员会举行会议时,各级人民代表大会代表或者常务委员会组成人员可以依照法律规定的程序,就监察工作中的有关问题提出询问或者质询。可以看出,监察委无须像政府和两院一样在人大会议上公开做报告,[①]但其他监督方式是存在的。

---

① 对此,有人解释,监委承担的反腐败工作具有特殊性,不宜在人大会议上公开报告。

为此,笔者建议:

一是人大常委会成立或落实专门联系、监督监察委的内部工作机构,按专业化要求配备人员。二是健全现有监督方式,提升监督的针对性。人大常委会听取和审议本级监察委员会的专项工作报告和组织执法检查等现有监督方式,都是针对监察工作总体情况的,属于"面上"的监督,如果没有具体、细致的相关准备,就很难发现具体的问题。建议人大常委会在听取和审议监察委员会的专项工作报告之前,事先听取检察机关对监察委的法律监督工作情况的专项汇报和监察委人民监察员(见下文相关论述)的情况汇报,并要求监察委在专项工作汇报中做出回应,增强监察委员会专项工作报告审议的针对性。同时,人大常委会在组织执法检查之前,同样先听取检察机关和监委人民监察员的专项汇报,预先掌握相关情况,加强执法检查的针对性。

3. 完善司法监督

司法监督是指检察机关和审判机关对监察权的监督。《监察法》第七章"对监察机关和监察人员的监督"并没有规定司法监督的相关内容,但是司法监督实际上是存在的。《监察法》第一章第四条规定:"监察机关办理职务违法和职务犯罪案件,应当与审判机关、检察机关、执法部门互相配合,互相制约。"具体而言,腐败案件的调查由监察机关负责,但是查明案情后涉嫌职务犯罪的要依法移送检察机关审查起诉。在审查起诉环节,事实上检察机关可以发挥对监察机关的监督职能。《监察法》第四十七条规定:"人民检察院经审查,认为犯罪事实已经查清,证据确实、充分,依法应当追究刑事责任的,应当作出起诉决定。人民检察院经审查,认为需要补充核实的,应当退回监察机关补充调查,必要时可以自行补充侦查。""人民检察院对于有《中华人民共和国刑事诉讼法》规定的不起诉的情形的,经上一级人民检察院批准,依法作出不起诉的决定。"本条规定的检察机关退回补充调查和依法决定不起诉,毫无疑问地体现了检察机关对监察权的监督。此外,审判机关通过依法审判监察机关移送并由检察机关提起公诉的案件,做出相应的有罪判决或无罪判决,同样对监察权起到了间接的监督制约作用。

但是,检察机关审查起诉环节和法院审判环节的监督,事实上属于监察工作的事后监督,对于监察程序过程中的事务并不能施加监督制约作用。为此,笔者建议通过向前延伸检察机关的法律监督,而加强对监察权运行过程的"事中监督"。具体论述如下:

检察机关是宪法规定的法律监督机关。监察委作为履行国家监察职责的机关,必须遵守依法监察的原则,其依法进行的监察行为,在法理上也应当属于检察机关法律监督的范围。检察机关对监察委的法律监督不属于刑事诉讼法上的诉讼监督,而属于一般性的法律监督。法律监督的具体方式是:接受被调查人及其近亲属对监察机关及其工作人员监察行为是否合法的反映与投诉或者依职权了解监察工作的合法性,发现确实存在违法监察甚至职务犯罪情况的,向本级监察委或其上级提出纠正违法或依法调查的建议书,而监察委应当书面回复检察建议。检察机关作为宪法规定的法律监督机关,具有无可置疑的专业性,通过建构这样的检察机关对监察委的法律监督机制,可以大大增强监督的专业性和内嵌性,提升监督的实效。这一法律监督机制可以通过修改《人民检察院组织法》的方式实现,也可以在实际修法前通过"监检"协调达成工作共识的方式实现。[①]

4. 充实民主监督、社会监督、舆论监督

《监察法》第五十四条规定:"监察机关应当依法公开监察工作信息,接受民主监督、社会监督、舆论监督。"本条所称的民主监督,应当包括人民政协的监督。人民政协是社会主义民主政治的重要实现形式,民主监督是人民政协的三大职能之一,《监察法》中这条关于民主

---

① 为了确保监察办案的质量,目前浙江杭州监察委系统和检察系统协商达成了检察提前介入、共同把关案件的协调机制。这一做法值得推广借鉴。

监督的规定属于原则性规定。本条所称的社会监督,应当是指党委、人大、政府、政协以及司法机关之外的广泛公众和社会组织的监督。所谓舆论监督,则是指媒体的监督。① 这里的媒体包括了当下火热的各种自媒体,如博客、微博、微信等。②

应当说,无论是民主监督,还是社会监督和舆论监督,其监督的前提是获取公开的监察工作信息。为此,《监察法》第五十四条特别规定:"监察机关应当依法公开监察工作信息,接受民主监督、社会监督、舆论监督。"笔者建议,为了进一步充实民主监督、社会监督、舆论监督,使之具有实质意义,监察机关应当建立健全监察工作信息公开的制度规范,规定信息公开的内容范围、方法方式、时间周期以及公开对象等要素,确保监察信息公开落到实处,为民主监督、社会监督和舆论监督提供信息基础。

5. 探索建立监委人民监察员制度

群众的眼睛是雪亮的,群众的力量是巨大的,我们要积极探索群众参与对纪检监察工作监督的方式方法。司法工作为充分吸收群众参与监督,分别建立了(法院)人民陪审员制度和(人民检察院)人民监督员制度,司法机关的这些做法很有积极意义。笔者建议,借鉴人民陪审员和建立人民监督员制度的做法,结合监察工作自身特点,建立国家监察工作的人民监察员制度,作为群众对监察工作进行监督的具体参与方式。人民监察员制度的具体内容有待进一步研究与探讨,但笔者设想,有一点是应当予以确定的,那就是人民监察员应按照专业化原则选定,使其具备相应的监督能力,以便真正起到实质性的监督作用。

---

① 笔者关于社会监督和舆论监督的界分,参考了党内法规的权威规定。2016年发布施行的《中国共产党党内监督条例》第三十九条规定:"各级党组织和党的领导干部应当认真对待、自觉接受社会监督,利用互联网技术和信息化手段,推动党务公开、拓宽监督渠道,虚心接受群众批评。新闻媒体应当坚持党性和人民性相统一,坚持正确导向,加强舆论监督,对典型案例进行剖析,发挥警示作用。"

② 也有人将民主监督、社会监督、舆论监督统称为人民群众监督。

以上关于完善监察权监督制约机制的观点,只是笔者的初步思考,不一定完全妥当。对此,笔者谨持抛砖引玉的心态,希望有助于推进监察权监督制约问题的研究和完善。

参考文献

1. 林吕建:《反腐败研究论文集》(第二集),浙江大学出版社2002年版。

2.《中华人民共和国监察法》(附草案说明),法律出版社2018年版,第29页。

3. 孟德斯鸠:《论法的精神》,商务印书馆1995年版,第91—92页。

4. 季卫东:《法律程序的意义》,中国法制出版社2012年版。

5.《谁来监督监委》,《中国纪检监察报》,2017年11月14日。

习近平新时代中国特色社会主义思想中的国家治理体系与治理能力现代化理论研究

杨英杰　孔继海①

摘　要：国家治理体系与治理能力现代化理论是习近平新时代中国特色社会主义思想的重要内涵。深刻理解国家治理体系和治理能力现代化的出发点，无论是全面深化改革，还是以全新的角度思考国家治理问题，都会使中国特色社会主义制度变得更好。我们要全面把握国家治理体系和治理能力现代化的科学内涵，深入分析推进国家治理体系与治理能力现代化的内在要求，本文从六个方面对实现国家治理体系和治理能力现代化的推进路径进行了初步的探讨。

关键词：习近平；国家治理体系；国家治理能力；现代化

习近平总书记十分重视国家治理问题，在他亲任起草组组长起草的党的十八届三中全会《决定》中指出，全面深化改革的总目标是完善和发展中国特色社会主义制度，推进国家治理体系和治理能力现代化。适应国家现代化总进程，推进国家治理体系和治理能力现代化，是坚持和发展中国特色社会主义的必然要求，也是实现社会主义现代化的应有之义。党的十八大以来，在准确把握国际国内形势变化发展的基础上，以习近平同志为核心的党中央提出了国家治理

---

① 杨英杰：中共中央党校教授，《学习时报》副总编辑。孔继海：中共中央党校博士研究生，郑州财税金融职业学院讲师。

的一系列新理念新思想新战略,推动了国家治理的新实践,体现出鲜明的新时代特色。这是对马克思主义国家学说创造性的运用和发展,标志着我们党对人类社会发展规律、社会主义建设规律、共产党执政规律和国家治理规律的认识上升到了一个新的高度。

国家治理体系与治理能力现代化理论是习近平新时代中国特色社会主义思想的重要内涵。因此,全面准确深入学习研究国家治理体系和治理能力现代化理论是落实做实学懂弄通习近平新时代中国特色社会主义思想和党的十九大精神的要求,是增强中国特色社会主义道路自信、理论自信、制度自信和文化自信的枢机。

一、深刻理解国家治理体系与治理能力现代化的出发点

2014年2月17日,在省部级主要领导干部学习贯彻十八届三中全会精神全面深化改革专题研讨班开班仪式上的重要讲话中,习近平总书记指出,国家治理体系和治理能力是一个国家的制度和制度执行能力的集中体现,两者相辅相成,深刻阐述了"完善和发展中国特色社会主义制度"与"推进国家治理体系和治理能力现代化"的内在逻辑关系,"完善和发展中国特色社会主义制度"是目的,"推进国家治理体系和治理能力现代化"是手段,两者是目的和手段的关系。无论是全面深化改革,还是以全新的角度思考国家治理体系问题,都必须从"使中国特色社会主义制度更好"出发。

近代以来,中国成为各种力量的角逐地和各种制度的试验田。最终,历史和人民选择了中国共产党,选择了走社会主义道路,这才成就了今日之中国——一只已经觉醒的、和平的、可亲的、文明的狮子。

把中国比喻成一头睡狮的拿破仑曾说,"人是根本无法决定未来的,只有体制才能决定一国未来"。中国特色社会主义事业不断发展,中国特色社会主义制度也需要不断完善。十八大强调要把制度建设摆在突出位置;十八届三中全会把完善和发展中国特色社会主

义制度,推进国家治理体系和治理能力现代化作为全面深化改革的总目标;十八届四中全会则把如何从法治上为解决党和国家事业发展面临的一系列重大问题提供制度化方案作为主题,是改革开放以来中国共产党第一次以依法治国为主题的中央全会;十八届五中全会更是把坚持依法治国作为"十三五"时期我国发展的重要指导思想之一,因为"法治是国家治理体系和治理能力的重要依托";党的十九大报告进一步明确宣示:"中国特色社会主义政治制度是中国共产党和中国人民的伟大创造。我们完全有信心、有能力把我国社会主义民主政治的优势和特点充分发挥出来,为人类政治文明进步做出充满中国智慧的贡献!"

习近平总书记把形成一整套更加成熟、更加定型的制度作为中国共产党当前面临的且必须承担的一项重大历史任务。他强调:"今天,摆在我们面前的一项重大历史任务,就是推动中国特色社会主义制度更加成熟更加定型,为党和国家事业发展、为人民幸福安康、为国家长治久安提供一整套更完备、更稳定、更管用的制度体系。"

习近平总书记特别强调制度建设要适合本国国情,强调制度的本土性。新发展经济学极其重视转型国家历史文化传承所产生的路径依赖对制度黏性的决定性作用,在别国适合的东西移植过来未必适合本国国情,制度也有一个水土不服的问题,这已经成为新发展经济学的共识。钱穆在《中国历代政治得失》中考察了中国历史上"最重要的五个朝代——汉、唐、宋、明、清"的政治制度后总结道:"政治制度,必然得自根自生。纵使有些可以从国外移来,也必然先与其本国传统,有一番融合媾通,才能真实发生相当的作用。否则无生命的政治,无配合的制度,决然无法长成。"国内一些学者关于政治制度特别是宪政法治的认知,多囿于西方话语体系而不能自拔。一谈宪政,言必称三权分立、多党竞选、一人一票;论及政治转型,则以西式民主为不二典范,唯其马首是瞻。

习近平总书记特别强调,我们这样一个实际上正处于历史转折期的大国在选择国家治理体系时需要更加注重民族精神血脉和历史精神的延续。他指出:"一个国家选择什么样的治理体系,是由这个国家的历史传承、文化传统、经济社会发展水平决定的,是由这个国家的人民决定的。"他还指出:"一个国家发展道路合不合适,只有这个国家的人民才最有发言权。"并引用清代思想家魏源的话说:"履不必同,期于适足;治不必同,期于利民。"习近平总书记在庆祝全国人民代表大会成立60周年大会上的讲话更是一针见血:"中国有960多万平方公里土地、56个民族,我们能照谁的模式办?谁又能指手画脚告诉我们该怎么办?"他紧接着强调:"中国特色社会主义政治制度之所以行得通、有生命力、有效率,就是因为它是从中国的社会土壤中生长起来的。中国特色社会主义政治制度过去和现在一直生长在中国的社会土壤之中,未来要继续茁壮成长,也必须深深扎根于中国的社会土壤。"

党的十九大报告明确指出,中国特色社会主义道路、理论、制度、文化不断发展,拓展了发展中国家走向现代化的途径,给世界上那些既希望加快发展又希望保持自身独立性的国家和民族提供了全新选择,为解决人类问题贡献了中国智慧和中国方案。习近平总书记指出,"中国特色社会主义是不是好,要看事实,要看中国人民的判断,而不是看那些戴着有色眼镜的人的主观臆断。中国共产党人和中国人民完全有信心为人类对更好社会制度的探索提供中国方案"。

二、全面把握国家治理体系与治理能力现代化的科学内涵

党的十八届三中全会《决定》是在党的全会政治文件中首次提出以"完善和发展中国特色社会主义制度,推进国家治理体系和治理能力现代化"为全面深化改革的总目标。在《切实把思想统一到党的十八届三中全会精神上来》的讲话中,习近平总书记把国家治理概括为国家治理体系和治理能力两个方面。"国家治理体系和治理能力是一个国家制度和制度执行能力的集中体现。国家治理体系是在党领

导下管理国家的制度体系,包括经济、政治、文化、社会、生态文明和党的建设等各领域体制机制、法律法规安排,也就是一整套紧密相连、相互协调的国家制度;国家治理能力则是运用国家制度管理社会各方面事务的能力,包括改革发展稳定、内政外交国防、治党治国治军等各个方面。"这一重要论述,深刻揭示了国家治理体系和治理能力的科学内涵和精髓要义,这里的国家治理就是一个国家制度和制度执行能力的集中体现,是在党领导下运用国家制度和法律体系,依靠人民群众来管理国家事务、经济事务、社会文化事务、自身事务的总称。

国家治理体系和治理能力是一个紧密联系、相辅相成的有机整体,是一个国家的治理水平和综合实力的重要标志。从理论上看,国家治理体系和国家治理能力构成了国家治理的骨骼和血肉,是一个有机整体,两者相辅相成。前者是后者的基础,后者是前者的保障。有了科学的国家治理体系才能孕育出高水平的治理能力,不断提高国家治理能力才能充分发挥国家治理体系的效能。国家治理体系现代化就是要适应时代变化,既改革不适应实践要求的体制机制,又不断构建新的制度和体制机制,使经济、文化、社会、生态文明和党的建设等各方面制度和体制机制更加科学、更加完善,实现党、国家、社会各项工作事务治理制度化、规范化、程序化。国家治理能力现代化就是要更加注重治理能力建设,增强按制度办事、依法办事意识,善于运用制度和法律治理国家,把中国特色社会主义制度的优势转化为治理国家的效能。国家治理体系和治理能力现代化科学内涵的揭示,为我们全面深化改革和推进国家治理现代化奠定了思想前提和理论基础。

三、推进国家治理体系与治理能力现代化的内在要求

当前我国发展既面临前所未有的机遇,也面临前所未有的挑战。实现社会主义现代化和中华民族伟大复兴是近代以来中华民族最伟大的梦想,它使中华儿女前赴后继奋力抗争,经过170多年艰苦卓绝

的斗争,中华民族伟大复兴呈现前所未有的光明前景。现在,"我们比历史上任何时期都更接近中华民族伟大复兴的目标,比历史上任何时期都更有信心、有能力实现这个目标"。但是,我们应当清醒地看到,在中华民族伟大复兴之路上还横亘着"四个陷阱",要成功跨越"四大陷阱",需要我们有效地推进国家治理体系和治理能力的现代化。

(1)塔西佗陷阱。"塔西佗陷阱"是古希腊历史学家塔西佗提出的一个著名政治定律。2014年,习近平总书记在兰考县委常委扩大会议上首次把它阐释为,当公权力失去公信力时,无论发表什么言论、无论做什么事情,社会都会给以负面评价。"塔西佗陷阱"的危险在于,一旦政府陷入这一陷阱,不管你做什么事,好事或是坏事,也不管你说什么话,真话还是假话,都会被认为是做坏事,说假话。习近平总书记强调,虽然我们没有走到那一步,但是存在的问题不能说不严重。比如干部脱离人民群众问题、"四风问题"、官员的腐败问题,给党的形象和政府公信力造成极大影响,如果不下大力气去抓,真的到了那一天,就会危及党的执政地位和执政基础。习近平总书记提出"塔西佗陷阱",旨在告诫全体党员干部,一定要居安思危,尤其是公权力部门,在行使权力时要慎思慎行,"有权不可任性",有权不可害人。凡是涉及重大决策一定要征求群众意见,倾听群众声音,代表群众利益,不可随意决断,乱为群众做主。跨越"塔西托陷阱",需要重塑政府形象,重建政府公信力,这就要求公权力部门增强党性意识,提高为人民服务的本领,更需要把权力放在制度的笼子里,织密制度的网,这离不开国家治理体系和治理能力的现代化。

(2)中等收入陷阱。"中等收入陷阱"特指一些发展中国家,在收入达到中等水平之后,经济长期陷入停滞或倒退状况,并由此引发更为深刻的社会矛盾和政治冲突,如泰国、菲律宾、墨西哥、巴西、阿根廷等国家。2014年在APEC北京峰会上,习近平总书记强调,中国有信心迈过"中等收入陷阱",问题是什么时候迈过去,以及迈过去以后如何更好地向前发展。跨越中等收入陷阱,关键是如何实现经济健康高质量和可持续的发展,这需要摆脱长期以来依靠要素投入的粗放式发展方式,加快转变经济增长方式,调整经济结构,大力发展高新科学技术,依靠创新驱动发展,依靠创新赢得市场的竞争力。这需要更好地依靠社会主义制度的优越性,以发挥市场在资源配置中的决定性作用,也需要更好地发挥政府的宏观调控能力。这是国家经济治理能力现代化的客观需要。

(3)修昔底德陷阱。所谓"修昔底德陷阱"就是指,一个新兴大国在崛起的过程中,随着力量的强大,就可能使得现有大国为维持其霸权地位而不能相容,因此,战争变得难以避免。这是所谓国强必霸的旧逻辑。2015年,习近平在访问美国时指出,"世界上本无'修昔底德陷阱',但大国之间一再发生战略误判,就有可能给自己造成'修昔底德陷阱'"。中美之间只有多一些理解,少一些隔阂,多一些信任,少一些猜忌,才能够避免陷入"修昔底德陷阱"。从我国社会主义本质来讲,中国不会为谋求霸权而对美国的霸权发起挑战,"中美两国合作好了,就可以做世界稳定的压舱石、世界和平的助推器"。习近平特别强调,中华民族是爱好和平的民族,"和平、和睦、和谐的追求深深植根于中华民族的精神世界之中,深深溶化在中国人民的血脉之中"。中国坚持走和平发展道路,中华民族的精神里没有追求霸权主义的文化基因,中国坚决反对各种形式的霸权主义和强权政治,中国永远不称霸,永远不扩张。当然,任何国家都不要指望我们会吞下损害中国主权、安全、发展利益的苦果。以上"三大陷阱"分别指向了政治、经济和外交。除了这些陷阱之外,在实现我国社会主义现代化和中华民族伟大复兴的征程中还会遇到其他新的"陷阱",战胜和跨越这些"陷阱"需要一个坚强的中央领导核心,全体人民坚定的道路自信、理论自信、制度自信和文化自信,需要一支高素质的干部队伍,完善成熟定型的制度体系以及高超的国家治理能力,才不会落入陷阱,才可顺利助推我们实现中华民族伟大复兴的中国梦。

(4)金德伯格陷阱。最近,哈佛大学的奈伊教授抛出一个问题。

他认为很多国际关系学者在讨论21世纪国际秩序时,都担心中美关系是否会掉入"修昔底德陷阱",其实我们更应该问世界经济是否会掉入金德伯格陷阱。前者是取材于崛起中的雅典与既有强权斯巴达之间最终难免一战的历史教训。他目睹特朗普政府急于抛弃国际公共产品主要提供者的角色,开始担心中国没有能力与意愿填补这个真空,那么世界经济将出现公共产品供给短缺的危机。根据金德伯格对20世纪30年代经济大恐慌起源之分析,这些公共产品包括和平秩序、产权保障、开放贸易体系、自由航行、稳定的汇率或通用交易货币、度量衡与各种交易规则的标准化,以及在经济出现巨大周期波动时,适时为世界经济注入购买力以拉抬需求,在金融市场出现恐慌时及时注入流动性,积极扮演全球信用体系的最终担保人角色。只有唯一超级大国才有能力提供这些公共产品。世界经济大恐慌的出现,就是因为当时国际领导权青黄不接,美国没有意愿承接英国衰落留下的领导真空。进一步而言,美国霸权衰退固然会导致国际经济秩序震荡,但美国逐步退位也可能为全球治理机制的改革提供历史良机。奈伊所描绘的美国盛世下的太平,是对复杂历史的选择性诠释,因为他对美国霸权的两面性避而不谈。在美国霸权之下,除了其最亲密的盟友可以分享特权外,绝大多数国家都是顺从者。他们受惠于和平与经济发展机会,但也只能接受美国霸权体系下公共财政长期供给不足或质量欠佳,承受美国不时将公共财政成本任意转嫁以及忍受强加于人的公共之恶等。

上述四大陷阱,是当前和未来一段时期我国面临的重大挑战,我们必须通过加快推进国家治理体系治理能力现代化来实现总体跨越。

四、推进国家治理体系与治理能力现代化的路径

推进国家治理体系和治理能力现代化,不仅是一个历史过程,也是一项浩大的系统工程,必须超越任何组织和群体的局部利益,以中华民族和全体人民的整体利益和长远利益为着眼点。不仅要集中全

党的智慧,而且要集中全国人民的智慧;不仅要有政治精英的参与,也要有普通民众的参与;不仅要依靠党组织强大的政治动员能力,更要严格遵循民主执政、依法执政和科学执政的基本方略。要统筹协调和处理好涉及国家治理的各种重大关系,如党和政府的关系、政府和市场的关系、政府和社会的关系、政府和公民的关系、中央和地方的关系,等等。在具体内容上,提出以下路径。

(一)改进党的领导方式和执政方式,提高国家治理能力

党的十八大提出:"要更加注重改进党的领导方式和执政方式,保证党领导人民有效治理国家。"党的领导始终贯穿于国家治理体系现代化的过程之中,党的执政能力在构建现代化国家治理能力之中处于核心地位。根据十八大要求,改进党的领导方式和执政方式,是保障国家治理高效化的重要基础,是国家治理体系现代化的基本前提,要以不断提高的国家治理能力来促进国家治理体系效能的发挥。在国家治理能力中,党的执政能力最为重要。只有真正提高党的执政能力,提高党科学执政、民主执政和依法执政的水平,才能够切实发挥其他治理主体的作用,调动各类主体在治理国家中的积极性。要以执政党的骨干为重点,提高各级干部的政治素质、科学文化素养、工作本领,使党在驾驭社会主义市场经济、发展社会主义民主政治、建设社会主义先进文化、构建社会主义和谐社会、应对国际局势和处理国际事务等能力方面得到有效提升。还要提高国家机构履职能力、提高人民群众依法管理国家事务、经济文化事务、自身事务的能力,在党的领导下共同治理国家。

(二)全面深化改革,完善国家治理体系

坚持社会主义市场经济改革方向,以促进社会公平正义、增进人民福祉为出发点和落脚点,进一步解放思想,解放和发展社会生产力,解放和增强社会活力。通过紧紧围绕"使市场在资源配置中起决定作用"深化经济体制改革,紧紧围绕"坚持党的领导、人民当家做主、依法治国有机统一"深化政治体制改革,紧紧围绕"建设社会主义

核心价值体系、社会主义文化强国"深化文化体制改革,紧紧围绕"更好保障和改善民生、促进社会公平正义"深化社会体制改革,紧紧围绕"建设美丽中国"深化生态文明体制改革,紧紧围绕"提高科学执政、民主执政、依法执政水平"深化党的建设制度改革。坚决破除各方面体制机制弊端,坚决破除利益固化的藩篱,推动生产关系和生产力、上层建筑同经济基础相适应,形成系统完备、科学规范、运行有效的制度体系,使各方面制度更加成熟更加定型。

(三)加强国家制度建设,坚定制度自信

国家治理体系现代化必须依靠制度推动。国家治理现代化的过程,也是国家制度建设的过程,现代国家治理体系的建构过程也是一个现代制度体系成长与成熟的过程。构建符合中国国情、与社会主义市场经济相适应、与国际先进管理经验相衔接的现代制度体系,增强提升社会主义制度体系的自我完善能力,是中国国家治理现代化的核心内容。整体而言,中国现存基本制度具有强大的制度功能与调适能力,问题在于能否通过有效的体制变革和机制完善进一步确保制度功能的充分发挥。在形成系统完备、科学规范、运行有效的制度体系的基础上,使各方面制度更加成熟更加定型,以制度力量为科学发展提供坚强保障,以制度权威来凝聚改革共识,以制度文明为良法善治提供前提基础,通过发挥制度体系的整体功能来提升国家治理现代化水平。

推进国家治理体系和治理能力现代化,是为了发展和完善中国特色社会主义制度。一方面,要积极学习借鉴古今中外一切好的经验和做法,在具体制度层面大胆借鉴。另一方面,要有战略定力,坚定对中国特色社会主义的制度自信。邓小平指出,"社会主义制度和资本主义制度哪个好?当然是社会主义制度好","尽管这个制度还不完善,又遭受了破坏,但是无论如何,社会主义制度总比弱肉强食、损人利己的资本主义制度好得多"。经过40年改革开放,我国形成了中国特色社会主义制度。历史和实践都证明,中国特色社会主义制度是能够适应我国经济社会发展的,有着很强的优越性。全面深化改革,推进国家治理体系和治理能力现代化是为了"使中国特色社会主义制度更好"。当然,坚定制度自信,不是要故步自封,而是要不断革除体制机制弊端,让我们的制度成熟而持久。

(四)全面依法治国、推动法治建设

法治是现代国家治理的基本方式。十八届四中全会通过的《中共中央关于全面推进依法治国若干重大问题的决定》明确指出依法治国是实现国家治理体系和治理能力现代化的必然要求。国家治理体系和治理能力现代化有赖于各领域的法治化。法治化是判断国家治理体系与治理能力现代化的基本标准,推动国家治理体系与治理能力现代化离不开法治的保障。全面依法治国、推动法治建设,一方面要完善法治体系,明确各类主体的责任,厘清治理权力体系的边界,把权力关进制度的笼子里,法治国家、法治政府、法治社会一体化推进;另一方面要完善法治的"基础设施",建立统一的信用信息平台,彰显法治权威、凸显违法成本,使遵法成为习惯,使守法成为自觉。通过不断完善科学立法、严格执法、公正司法、全民守法的现代法治体系,建立统一的信用信息平台,有力提升社会整体法治意识,推进平安中国、法治中国建设进程。

(五)创新国家治理理念,建设和完善社会主义核心价值体系

创新国家治理理念,建设和完善社会主义核心价值体系来凝聚改革共识,是国家治理体系和治理能力的重要内容。在任何一个社会中,价值和文化的力量对国家发展具有重要作用,构建充分反映中国特色、民族特性、时代特征的价值体系和塑造现代治理理念是中国国家治理体系现代化的前提和重要基础。托克维尔认为:"政治社会的建立并非基于法律,而是基于情感、信念、思想以及组成社会的那些人的心灵和思想的习性。"传统价值体系向现代价值体系的转换是中国国家治理体系现代化的起点,构建现代政治价值体系是当代中国政治发展的战略抉择和基础性工程。国家自身所积累起来的文化

品性将直接影响国家能力建设,文化资本是提升国家治理能力的基本途径,也是有效建构国家核心价值的重要力量。创新国家治理理念要在社会主义核心价值原则指导下,在现代价值体系、中国传统价值体系、社会主义价值体系三者之间进行反思平衡和科学均衡配置。以民主法治、自由平等和公平正义为核心的现代价值体系是人类现代政治文明的表征,也是当前中国政治发展中迫切需要确立的共识性制度价值。加强公民意识教育,通过社会主义核心价值体系来凝聚与整合超大规模社会,是中国长期可持续协调发展的根本需要。构建适应现实中国国情与特定社会、历史、文化生态条件的价值排序与价值均衡,把"社会公正""公共福利""自由与活力"置于与"经济效率""增长与发展""秩序与稳定"同等重要的地位。在科学发展观指引下,以实现社会和谐,激发社会活力为目标,促进经济与社会之间、城乡之间、地区之间的和谐发展,最终实现人—自然—社会之间的和谐发展。因此,凝聚新的改革共识,实现人民幸福而又有尊严的生活,营造富有公平、正义、安全的生活环境,是中国国家治理体系现代化的理念之根与价值之源。

(六) 构建国家—市场—社会之间的网络化治理模式

构建国家—市场—社会之间的网络化治理模式,实现国家治理机构的现代化。基于网络视角的治理观认为,在现代社会的多中心治理格局中,政府的主要责任是通过与新兴的私人和志愿部门分享共同的目标,以及对这种公共服务供给结构进行有效治理,促进政治与社会的互动。现代社会中,公共政策的制定与执行越来越依赖于国家与社会领域内多元主体之间的双向互动。网络化治理强调的核心要义是:新历史时期政府提高绩效和增强责任性的基础在于,除按照传统的自上而下层级结构建立纵向的权力线以外,政府治理还必须依靠种种合作伙伴建立起横向的行动线。网络化治理将第三方政府高水平的公私合作特性与协同政府充沛的网络管理能力结合起来,然后利用技术将网络连接到一起,并在运行中给予公民更多的选择权。网络化治理以公私合作伙伴关系为基础,强调合作、网络、共享和信任,意味着垂直的、自上而下的、单一的控制结构转变为网络的、双向互动的、多元的参与结构。在外部参与渠道上实现跨地区、跨部门、跨行业、跨领域,形成政府、企业、第三部门、公民等多元参与的制度安排,实现信息透明且流动充分,连接以合同和信任为基础的社会资本,最终达到公共治理的"一体化",增强公共治理的整体效应。当代公共行政和公共管理的实践表明,网络化在整合和利用资源、提高决策制定和执行质量、增强顾客满意度、提高组织灵活性和回应性等方面要比传统的官僚制度、市场化治理模式更为有效。在当下的中国,构建网络化治理模式,实现国家治理结构的现代化,核心与关键在于:(1)稳妥推进政府角色及其管理方式的现代转型。政府是国家治理最重要的主体,政府治理的效率直接决定着国家治理的绩效。在现代国家治理体系中,建构政府—市场—社会各归其位,既相互制约又相互支撑的分工体系,充分发挥市场、社会的作用来缓解政府治理的压力,保证政府在市场和社会失灵的领域发挥关键性作用,是国家治理现代化的首要前提。在中国政治与行政合一的体制框架内,政府在整个国家治理体制内扮演着决定性的角色,无论是市场体系的完善、公民社会的成长,还是治理结构的完善,最终都取决于政府角色的现代转型。政府体制的演变直接决定着现代国家治理体系成长的进程。在现代治理体系中,政府角色重新归位于保持宏观经济稳定,加强和优化公共服务,保障公平竞争,加强市场监管,维护市场秩序,推动可持续发展,促进公共富裕,弥补市场失灵。(2)提高公民社会的组织化水平和组织能力。现代社会是通过现代化的发展逐步告别传统社会建立起来的社会形态。独立自由的资本、独立自由的个人以及政治平等的公民构成了现代社会的三个基本要素,这些要素也是对现代国家起决定性作用的力量。社会组织在维护其成员利益,满足其成员的归属感和心理需求的同时,能够逐步扩大社会组织参与国家治理的渠道,提升社会组织自主管理的水平,培育社会的内生秩序。因此,充分发挥国家政权组织的治理技巧和组织资源,构建一个由政权组织、条线管理部门、市场组织、企事业单位、基层组织等组成的平等、合意、互信互利的网络治理结构,既是中国治理结构现代化的必由之路,也是中国国家治理体系现代化的战略抉择。其中的核心与关键,则是加强基层组织建设,培育社会的自我组织能力与自我管理能力,构建各种治理要素之间对称、均衡的网络治理格局,进而推动中国治理模式的现代化。完善由党委领导、政府负责、社会协同、公民参与的社会治理体制,形成四者良性互动、有机合作的网络治理机制,是国家治理结构与治理体系现代化的重大举措。

当下的中国社会面临着一系列重大的转型危机与治理风险,实现中华民族伟大复兴,成功跨越"四大陷阱",必然要推进国家治理体系和治理能力现代化。中国的现代化国家治理体系既需要一个能够有效驾驭全球化和现代化的变革浪潮、兼具回应性与调适性的现代执政党,一个强有力的守法政府,也需要一个健康而有活力的社会,更需要无数享受自由与尊严的公民。推进国家治理能力现代化不仅需要中国共产党有高超的政治智慧、巨大的政治勇气,还要有顶层设计谋划全局的能力和摸着石头过河的细致操作能力以及统筹协调和处理好涉及国家治理的各种重大关系的能力,更需要我们每个人积极参与和主动作为,从而更好地凝聚全社会的智慧和力量,共同致力于国家治理体系和治理能力现代化。

参考文献

1. 习近平:《决胜全面建成小康社会 夺取新时代中国特色社会主义伟大胜利》,人民出版社2017年版,第40页。

2. 习近平:《推进国家治理体系和治理能力现代化》,《人民日报》,2014年2月17日。

3. 习近平:《在庆祝中国人民政治协商会议成立65周年大会上

的讲话》,《人民日报》,2014年9月6日。

4. 习近平:《在庆祝全国人民代表大会成立60周年大会上的讲话》,《人民日报》,2014年9月22日。

5. 习近平:《在庆祝中国共产党成立95周年大会上的讲话》,《人民日报》,2016年7月2日。

6. 习近平:《习近平谈治国理政》,外文出版社2014年版。

7. 申孟哲:《大国如何避免"修昔底德陷阱"》,《人民日报(海外版)》,2015年11月27日。

8. 俞可平:《推进国家治理体系和治理能力现代化》,《前线》,2014年第1期。

9. 邓小平:《邓小平文选:第2卷》,人民出版社1994年版,第337页。

10. 安东尼·奥罗姆:《政治社会学导论》,上海人民出版社2006版,第88页。

11. 任勇:《国家治理视野中的核心价值:基于文化资本的考察》,《社会科学》,2010年第3期。

12. 李泉:《治理理论的谱系与转型中国》,《复旦学报(社会科学版)》,2012年第6期。

13. 斯蒂芬·戈德史密斯:《网络化治理:公共部门的新形态》,北京大学出版社2008年版,第7,17页。

14. 唐德龙:《从碎片化到网络化:治理何以转向》,《中国图书评论》,2010年第9期。

15. 陈剩勇,于兰兰:《网络化治理:一种新的公共治理模式》,《政治学研究》,2012年第2期。

16. 何显明:《政府转型与现代国家治理体系的建构——60年来政府体制演变的内在逻辑》,《浙江社会科学》,2013年第6期。

17. 唐皇风:《中华人民共和国60年国家治理体系的变迁与理性审视》,《经济社会体制比较》,2009年第5期。

夺取反腐败斗争压倒性胜利：
原则、挑战与突破口

杜治洲　吴晶晶①

摘　要：十八大以来中央坚持反腐败无禁区、全覆盖、零容忍，坚定不移"打虎""拍蝇""猎狐"，不敢腐的目标初步实现，不能腐的笼子越扎越牢，不想腐的堤坝正在构筑，反腐败斗争压倒性态势已经形成并在巩固发展。尽管如此，现阶段我国反腐败斗争仍面临着严峻的形势和巨大的挑战："不收敛、不收手、不知止"及"廉而不为"现象依然存在，监察委员会的权力运行缺乏足够的强制力做保障，农村基层的腐败问题依然紧迫，频繁的大额现金交易使得发现腐败异常困难。要夺取反腐败斗争压倒性胜利，必须完善领导干部激励制度，加大基层腐败问题的曝光度，建立健全监察委员会与相关机构的协调机制，建立健全现金交易管理制度。

关键词：反腐败；监察委员会；压倒性胜利

一、夺取反腐败斗争压倒性胜利的基础

十八大以来，以习近平总书记为核心的党中央领导集体带领全党全国人民进行的关于党风廉政建设、全面从严治党以及反腐败的

---

① 杜治洲：北京航空航天大学人文与社会科学高等研究院副院长、教授。吴晶晶：北京航空航天大学公共管理学院硕士研究生。

斗争不断向纵深发展,坚持反腐败无禁区、全覆盖、零容忍,坚定不移"打虎""拍蝇""猎狐",不敢腐的目标初步实现,不能腐的笼子越扎越牢,不想腐的堤坝正在构筑,这不仅是我国现阶段反腐败取得的胜利,更是未来夺取反腐败斗争压倒性胜利的基础。

(一)不敢腐的目标初步实现

十八大以来,中央加大了正风肃纪、处理腐败问题的力度,坚持有腐必惩,有贪必肃,不敢腐的目标初步实现,这主要表现在以下两个方面。

第一,国内反腐时刻保持高压态势,腐败案件的存量减少且增量得到了有效控制。从2013年到2017年底,中央纪委立案审查的党员干部人数从最初的12.7万人到2016年达到一个峰值41.3万人,之后呈下降趋势(如图1),由此可见腐败案件的存量正在逐渐减少,腐败增量也得到了有效的遏制。

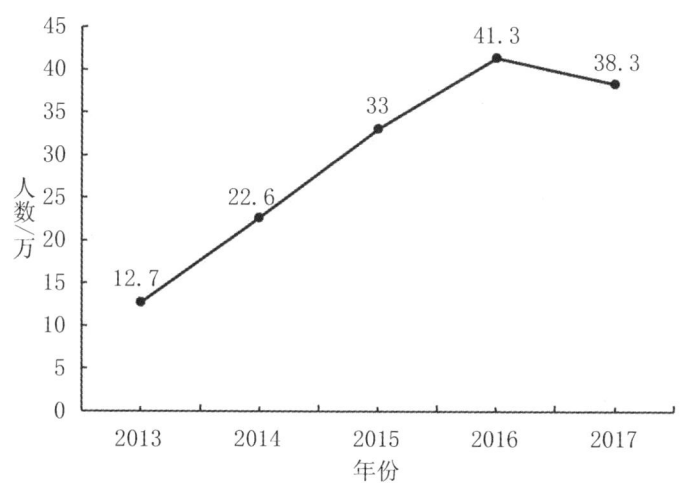

图1 中央纪委监察部历年立案审查的党员干部人数

且从2012年12月至2017年6月,中央纪委立案审查中管干部282人,覆盖31个省份,移送司法机关120人。全国共查处十八届中央委员、候补委员40人,中央纪委委员8人,周永康、徐才厚、令计划等大批高官纷纷落马。五年来正风反腐不断向基层延伸,十八大以来共查处乡科级及以下党员干部134.3万人,处分农村党员干部64.8万人。

第二,国际反腐败合作对国内的腐败分子形成了有效震慑。近些年来我国国际反腐败合作成绩斐然,不仅向国际社会表明了中国坚定不移惩治腐败的决心,同时对本国的腐败分子也形成了有效震慑。从2014年发布的《北京反腐败宣言》到2016年担任二十国集团反腐败工作组主席,再到2017年发布的《金砖国家领导人厦门宣言》,中国已将反腐败斗争推进到全球范围。同时,国际追逃成绩斐然,截至2017年10月底,我国从90多个国家和地区共追回外逃人员3587人,其中国家工作人员701人,共追赃95.41亿元。随着国际追逃追赃合作的不断加强,国内"防逃"的栅栏也越扎越紧,从2014年的101人至2017年12月9日的4人,我国新增的外逃国家工作人员人数逐年下降。

(二)不能腐的笼子越扎越牢

十八大以来,党中央坚定不移地推进全面从严治党,全力构建不能腐的制度机制,加大制度建设,将权力关在制度的笼子里。为此,中央出台或修订了关于党内各项法规制度50多部,其中最主要的包括《中国共产党廉洁自律准则》《中国共产党纪律处分条例》《关于新形势下党内政治生活的若干准则》《中国共产党问责条例》《关于防止干部"带病提拔"的意见》以及近期通过的《中华人民共和国宪法修正案》和《中华人民共和国监察法》等,随着这些法规制度体系的不断健全,管党治党的笼子便越扎越牢。

例如,中央八项规定自实施起,处分人数从2013年的7692人、2014年的23646人、2015年的33966人到2016年底达42466人。这一组数据表明自八项规定实施以来,尽管处分人数逐年增加,但是增幅却在下降。同时,处分人数同比增幅降低,这意味着作风建设成效的显现,"四风"问题得到了一定程度的遏制(如图2)。

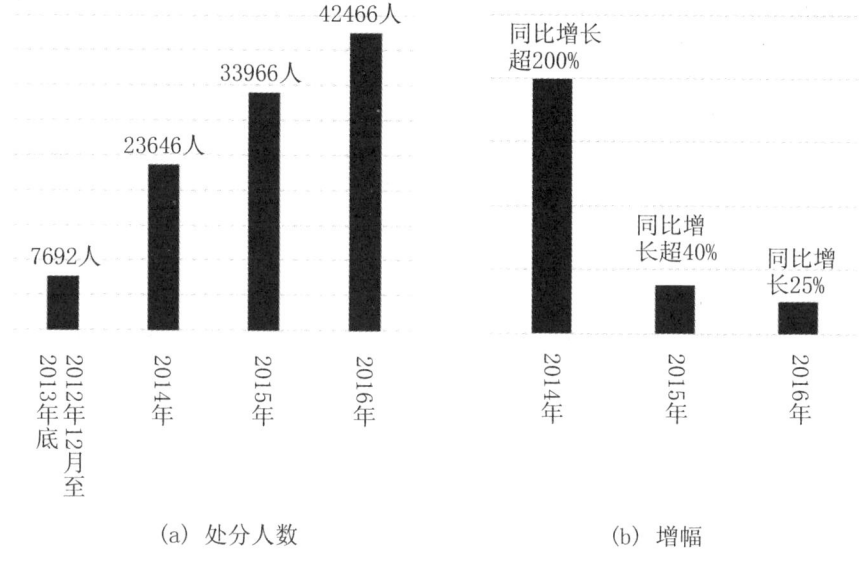

(a) 处分人数　　　　　　(b) 增幅

图 2　八项规定实施以来处分人数的同比增长率

在全国大范围开展贯彻中央八项规定的活动中,各地纷纷出台相关政策,将作风建设不断推向新的高度。例如:北京市对大型商场、私人会所等场所公款消费等问题进行调查,通过筛查 ETC 数据的方式对公车私用问题进行监察等;天津市重点整治违规公款消费,严查"四风"问题等。

(三) 不想腐的堤坝正在构筑

十八大以来,党和国家领导人非常重视思想教育,不断加强领导干部的思想教育建设,加强党性修养、宗旨意识、服务意识。利用"两学一做"学习教育,从党员干部的思想意识上进行强化,并开展党的群众路线教育实践活动和"三严三实"专题教育,使全党的理想信念更加坚定、党性更加坚强。十八大以来,中央以扎实的教育活动强化党员干部道德自律,通过坚持高线教育和底线教育,使党员干部"铸魂补钙""知止知畏"。同时,党中央深入挖掘中华优秀传统文化,让廉洁成为"好家风"传承的核心价值,创新发展传统廉洁文化,使其成为抑制腐败,传递正能量的重要力量。

二、夺取反腐败斗争压倒性胜利必须坚持的原则

要夺取反腐败压倒性胜利,必须坚持三项原则:一是坚持中国共产党的领导;二是坚持以人民为中心;三是坚持对腐败的"零容忍"。

(一)坚持中国共产党的领导

"办好中国的事情,关键在中国共产党。"这句话深刻地表达了中国共产党的领导地位和崇高使命。深入开展党风廉政建设和夺取反腐败斗争的压倒性胜利,最重要的就是要坚持中国共产党的领导。

坚持中国共产党的领导是由反腐败斗争的内在要求决定的,反腐败斗争的重任只能由中国共产党来承担。从党的第一代领导人毛泽东开始,就意识到坚持中国共产党领导的重要性,"三反""五反"运动,就是对于党的领导地位的巩固。以邓小平为核心的党的第二代领导集体提出:"执政党的党风问题是有关党的生死存亡的问题。"以江泽民为核心的党的第三代领导集体确立了反腐领导体制和工作机制,颁布了党风廉政建设责任的规定,旗帜鲜明地回答了反腐败必须坚持中国共产党的领导这一原则问题。胡锦涛提出中国共产党的领导是加强反腐倡廉的根本政治保证。十八大以来,以习近平总书记为核心的党中央领导集体站在新的历史高度上,不断强化党组织的核心领导作用,不断落实党委的主体责任和纪委的监督责任,不断强化执纪问责。

十九大报告指出,中国特色社会主义已经进入了新的时期,在这一新的历史时期中,反腐倡廉工作依然是重要的组成部分,我们要坚持深化监察体制改革,通过实施组织制度创新,整合反腐资源和力量,建立党统一领导下的反腐败机构和反腐败力量,逐步推进反腐败工作的顺利进行。

(二)坚持以人民为中心

人心向背关系到党的生死存亡,习近平总书记强调:"党只有始终与人民心连心、同呼吸、共命运,始终依靠人民推动历史前进,才能

做到坚如磐石。"深入开展党风廉政建设和夺取反腐败斗争的压倒性胜利,最根本的就是要坚持以人民为中心。新的时代背景下,要夺取反腐败斗争的压倒性胜利,就要始终与人民同呼吸、共命运。人民是历史的创造者,是决定党和国家前途命运的根本力量。坚持以人民为中心包含两点:第一,坚持人民共享反腐成果;第二,坚持人民参与。

坚持人民共享反腐成果,就是始终把人民的利益摆在至高无上的地位,让一切发展成果都能惠及全体人民。在反腐败斗争中更要如此,让人民群众看得到、体会得到、享受得到全面从严治党的成果。八项规定等纪律条例的约束、中央巡视组的全国巡察和接受群众的来访来信以及窗口行业等办事程序的精简,都是普通人民群众对于反腐成果的直接享受。

坚持人民参与就是要鼓励民众参与治理腐败。纵观中国反腐败的历程,从1949年开始到1977年,我国坚持"运动式"反腐败的重心就是人民群众的参与;1978年改革开放之后到20世纪末期,已经发展成了一种规范化的群众参与反腐败活动,即群众路线活动;21世纪初至今,尤其是十八大以来,人民群众已广泛深入地参与到反腐败活动中。鼓励人民参与反腐败不仅是国家反腐败的需要,也是人民群众的诉求。

(三)坚持对腐败的"零容忍"

民众对于反腐败的态度就源于他们对腐败现象的容忍度,降低民众对腐败的容忍度是有效治理腐败的基本条件。民众对腐败的容忍度不仅对于整个反腐败社会环境有着直接影响,更会影响到国家层面对反腐败的政治意愿。

在治理腐败问题中,习总书记反复强调,要坚持"老虎""苍蝇"一起打,既要坚决查处领导干部违纪违法案件,又要切实解决发生在群众身边的不正之风和腐败问题。面对我国现阶段的反腐败工作,除了要对大案要案继续处理之外,民众身边的"微腐败"也不容忽视。

医生、教师、交警甚至停车场的收费员都可能获得不合法收入,所以在建设中国特色社会主义的新时期,必须坚持对腐败"零容忍"的态度。让民众的态度优化反腐败氛围,进而对反腐败工作形成正向压力。

三、当前夺取反腐败斗争压倒性胜利面临的挑战

尽管十八大以来我国反腐败工作取得了较好的成绩,反腐败斗争压倒性态势已经形成并在巩固发展,但当前夺取反腐败斗争压倒性胜利依然面临着一些巨大的挑战,这主要表现在以下几个方面。

(一)"不收敛、不收手、不知止"的现象依然存在

十八大以来的高压反腐态势使各种权力寻租、违法犯罪的腐败问题得到了一定程度的遏制,但是部分领导干部依旧存在"不收手、不收敛、不知止"的行为。以 2017 年为例,虽然各级纪检监察机关把查处违反中央八项规定精神的问题作为纪律审查的重点,但是截至 2017 年 11 月底,全国一共查处违反中央八项规定精神的案件 4.34 万起;处理党员干部 6.1 万人,其中省部级干部 6 人、地厅级干部 752 人、县处级干部 5861 人;给予党纪政纪处分的人数有 4.27 万人,其中省部级 6 人、地厅级 746 人、县处级 3943 人。

与此同时,一些党员干部因失去了收取"灰色收入"的渠道与机会,滋生出"不求有功但求无过"的错误思想,在工作中懒政怠政,面对群众诉求不尽力解决,认为自己只要不违法乱纪,就是一名合格的官员。另有一些官员在反腐败工作中,本着不得罪他人的态度,不抓工作不负责任,甚至是非不分。例如,十八大之后因玩忽职守而被惩治的湖南省政协原副主席童名谦,就是满足于明哲保身,不贪污却也不作为不得罪人。

(二)农村基层腐败问题依然严重

基层的不正之风和腐败问题不仅严重影响了人民群众的切身利益,而且对党和国家的公信力也构成了巨大的威胁。腐败问题在农

村尤其严重。随着中央转移支付力度的加大,新农村建设的推进以及移民扶贫、低保、危房改造等民生项目的开展,大量资金进入村组织,不少干部开始将手伸到其中,利用职务之便为自己谋取私利。在基层群众生活中,社会保障、医疗卫生、征地拆迁、支农惠农等民生问题都是群众反映最为强烈的。少数基层干部为民服务意识薄弱,工作懒散,不作为或乱作为;一些村组干部欺上瞒下,公款私存、公私不分,侵占国家财产;更有徇私枉法、暴力执法者,甚至充当黑恶势力、家族势力的保护伞,危害极大。究其根源,主要是因为信息不透明、不对称,群众对国家的优厚政策并不十分了解,等等。

(三)监察委员会的权力运行缺乏足够的强制力保障

宪法修正案确立了监察委员会作为国家机构的法律地位。随着宪法修正案和监察法草案的通过,国家监察委员会的组建完成,国家监察体制改革进入了深水区。监察委员会应厘清其本身与司法机关的关系,尤其要重视监察委员会在权力运行过程中强制力的保障问题。尽管国家监察委员会整合了现有的反腐败力量,并且形成了独立性较强的反腐败机构,然而监察权的运行依然存在保障力不足的问题。

与检察院、法院等司法机关不同,监察委员会是国家政治机关,不像检察院有法警力量的保障,监察委员会在行使监察权的过程中如果需要外部力量介入,只能找公安部门协助。而这种"外援式"的协助存在一些问题:一方面,公安机关的主动性不强,不易协调配合;另一方面,公安机关协助的执行效果也得不到有效的保障。

(四)频繁的大额现金交易使得发现腐败问题异常困难

在互联网时代,交易和结算的电子化从客观上增加了犯罪分子留下痕迹的概率。美国和其他欧洲国家对于大额现金消费的审查制度比较完善。例如,在美国超过1万美元的现金存取都要及时向反洗钱主管部门和税收征管部门报告;欧洲央行也决定从2018年起不再发行500欧元的纸币以遏制洗钱;欧盟国家中的法国、西班牙、意大利等都有限制大额现金交易的规定,且对超额现金的处罚力度都很大。当前,我国尚未建立大额现金消费的审查和备案制度,但现金是腐败媒介及腐败洗钱最重要的方式之一。为了确保腐败行为不被人发现,腐败分子一般会将其收取的不法财产现金化,现金消费的形式是腐败分子使用赃款的重要途径。经搜查,国家发改委煤炭司原副司长魏鹏远家中发现现金2亿余元,河北省秦皇岛市城市管理局原副调研员、北戴河区供水总公司原总经理马超群家中发现现金1.2亿元。一项研究数据显示,通过现金方式洗钱的腐败案例占样本总数的61.3%。现金支付轨迹隐蔽,导致贪腐行为猖獗,惩治难度较大。

四、夺取反腐败斗争压倒性胜利的突破口

夺取反腐败斗争压倒性胜利,是一项系统工程,需要党和政府以及社会各方面的共同努力。当前,夺取反腐败斗争压倒性胜利应从以下几个方面着手突破。

(一)完善领导干部激励制度

构建良好的政治生态是夺取反腐败斗争压倒性胜利的关键。地方政府官员的行为受到外部激励因素的影响,建立完善的领导干部激励制度是构建良好政治生态的前提。经研究发现,在基于政绩考核的政治晋升激励制度下,地方官员会努力完成任务,达到比较高的政治绩效以得到政治晋升。所以,必须建立完善的领导干部激励制度,以推动领导干部勤政、廉政。

第一,建立完善的符合社会整体水平的薪酬制度,使领导干部的薪资与当地的薪资水平和地方的经济发展水平相适应。第二,建立完善的社会保障制度,尤其是指基层工作人员生活中遇到的住房公积金、医疗保险等多种社会保障项目,调动基层工作人员的工作积极性。第三,建立科学合理的干部选拔任用制度。在官员选拔晋升中做好客观评价,通过完善的综合考核体系对官员的任用进行综合评

价,客观公正地对每一位领导干部进行考核,尤其要对"廉而不为"的行为进行严肃惩处,最终形成"为官要为"的良好政治生态。

(二)强化基层腐败问题的曝光度

要强化基层腐败问题的曝光度,直陈腐败问题,提高基层腐败问题的关注度。一方面,直陈腐败问题。在反腐败工作中要加大贪腐问题公开的力度,利用媒体的优势及影响力,减少地方媒体对于地方反腐成绩的歌功颂德,加强对于基层贪腐问题的直接曝光度。同时,对农村基层中的大小贪腐问题要严肃通告并提出整改建议。

另一方面,提高农村基层群众对于国家各项优厚政策的了解程度。第一,要深入开展宣传活动,力争将国家的各项优厚政策传达到每一位农村基层群众,让他们了解自己所能享受到的各种优厚政策;第二,强制农村基层组织公开对涉农和扶贫领域的政府补贴等信息,上级相关部门可以通过电子政务内网进行监督,群众则可通过互联网或宣传栏公告等方式进行监督。

(三)建立健全监察委员会与公安机关、检察机关、司法行政机关的协调机制

建立健全协调机制对监察委员会的权力运行有着重要的促进作用。国家监察委员会作为独立的国家监督体系,其权力运行并没有独立的强制执行机构作为保障,必须依靠公安机关等力量的介入。因此,需要尽快在监察委员会内部建立专门机构负责与其他相关国家机构的协调配合。第一,与公安机关的协调。通过政治宣传等方式提高和加大公安机关协助监察委员会的主动性和配合力度,从而保证在监察委员会需要外部援助时,公安机关能够积极有效配合。第二,与检察机关的协调。监察机关与检察机关的配合要以最大限度地减少成本和提高效率为原则。比如,对于移送给检察机关并经审查后需要补充调查核实的案件,在确定负责补充调查的主体上,应该考虑谁调查更为方便、更为快捷、成本更低。第三,与司法行政机关的协调。对于案件中类似于鉴定等一些特别专业的问题,监察机

关应与司法行政机关协商确定在哪些情形下司法行政机关应当推荐司法鉴定机构给予相关鉴定。

(四)建立健全现金交易管理制度

随着现代技术的进步,电子化交易和结算给犯罪分子留下了可乘之机。因此,完善现金管理制度,充分发挥非现金交易对于腐败犯罪的抑制功能成为预防腐败的良策。

发达国家一般都建立了较为完善的现金使用管理制度,通过现金管理来维护金融秩序、遏制金融犯罪、发现洗钱线索以及打击逃税行为。就我国来说,可从以下几个方面着手建立健全现金管理制度:第一,建立大额现金交易报告制度。比如,超过10万元的现金存取必须在规定的时间内向反洗钱主管部门和税收征管部门报告。第二,加强现金流通管理,相关的金融机构强化对高频词等异常大额的现金交易进行监察,防止大额现金的非法交易。第三,根据实时的监测信息对非法现金交易者进行及时的调查和处理。

此外,还要推进非现金交易的大众化。现代信息技术的发展和普遍使用使得非现金交易和第三方支付方式被大量应用。无论通过哪个平台进行非现金交易都必然会留下证据,这将对腐败行为产生很大的预防及震慑作用。当前,微信、支付宝等支付方式已经基本被大众接受,非现金交易的普及已具备了技术条件和心理条件,只需加强对于非现金交易的精细化管理;加强对第三方支付平台的监管,无论是注册还是运营都必须实名注册,定期审查;建立金融机构对个人和单位账户的实名审查制度;保证电子支付及第三方支付的交易记录的实用性与完整性,才能更有效地防止腐败行为。

参考文献

1. 姜洁:《2017国际追逃追赃步伐加速》,《人民日报》,2017年12月8日。

2. 刘芳源:《第四周通报数据分析:八项规定实施以来处分人数的增幅逐年下降》,中央纪委监察部网站,2017年5月24日。

3. 过勇,贺海峰:《"不必腐"机制:反腐败标本兼治的重要保障》,《国家行政学院学报》,2017年第6期。

4. 孙志勇:《解决腐败问题,关键在党的领导——谈中国特色党风廉政建设理论体系最本质的特征》,《中国纪委监察报》,2014年10月14日。

5. 人民日报评论部:《破除官僚主义,重在为民——党的群众路线新思考之三》,《法治与社会》,2013年第7期。

6. 张远煌,彭德才:《民众的腐败容忍度:实证研究及启示——基于世界价值观调查数据的分析》,《厦门大学学报(哲学社会科学版)》,2017年第1期。

7. 何涛:《我国应建立大额现金消费审查与备案制度》,《犯罪研究》,2016年第2期。

8. 高波,苗文龙:《转型期腐败行为与洗钱途径分析》,《中国金融》,2013年第13期。

9. 佟健:《官员激励、任期制与为官不为》,《广东财经大学学报》,2017年第6期。

10. 李怀胜,王晓伟:《信息化跨国犯罪背景下非现金结算对腐败犯罪的阻抑功能》,《中国人民公安大学学报(社会科学版)》,2016年第4期。

基层扶贫政策执行"最后一公里"研究

陈 静 李 晓①

摘 要：在深入开展精准扶贫、精准脱贫的工作进程中，必须高度重视基层腐败问题治理。扶贫政策执行"最后一公里"是扶贫资源能否真正惠及贫困群众的三寸之辖，不容有失。本文以中央纪委公开曝光的扶贫领域腐败典型案例为分析对象，分别从扶贫款项申请、审核和分发的过程中，总结概括基层扶贫政策执行"最后一公里"中存在的突出腐败问题。通过分析其产生原因，即部分村干部权力观扭曲等主观因素，基层扶贫领域民主决策制度执行不到位等制度因素以及农村社会结构失衡等环境因素，提出了针对基层扶贫政策执行"最后一公里"腐败问题的对策，即加强基层干部廉政教育、完善基层扶贫领域腐败预防制度、优化农村基层思想文化环境和加强基层党组织建设。

关键词：基层扶贫政策；"最后一公里"；腐败

从现在到 2020 年，中国将进入全面建成小康社会的决胜期。《中共中央国务院关于打赢脱贫攻坚战的决定》提出，要"采取超常规举措，拿出过硬办法，举全党全社会之力，坚决打赢脱贫攻坚战"。中

---

① 陈静：黑龙江省社会科学院副院长、研究员。李晓：黑龙江省社会科学院研究生学院硕士研究生。

央纪委有关负责人指出:今后三年,纪检监察机关的一项重要任务就是治理扶贫领域腐败问题和改善不良作风。各级纪检监察机关要加大督查督办和通报曝光力度,把责任和任务压实到县乡党委政府,覆盖到"最后一公里"。

一、基层扶贫政策执行"最后一公里"中存在的突出腐败问题

2016年12月至2018年4月,中央纪委公开曝光了多起扶贫领域腐败典型案例。本文通过梳理这些典型案例,概括当前我国基层扶贫领域政策执行中较突出的腐败问题。

(一)扶贫款项申请过程中存在优亲厚友、徇私舞弊现象

"一人得道,鸡犬升天"的传统家族文化在乡镇、农村地区尤为明显,容易在亲属间形成一个互惠互利的共同体。经常存在一个家族中有人在基层任职,其身边人就会借助其职权,通过攀关系打招呼、送礼明示、利益均分等方式,在可以获利的领域非法获取利益。一些基层干部甚至把能给家里人"办事"当作是值得炫耀骄傲的事,乐在其中。基层扶贫工作领域的"一把手"们,在扶贫款项申请过程中有着较大权力,可以暗箱操作,优亲厚友、徇私舞弊的现象比较常见。例如,湖北省红安县七里坪镇石家咀村原党支部书记、村委会主任石生富等人,在低保评定时优亲厚友,违规为村干部亲属办理低保(尚未实际获得低保金),而家庭经济困难的群众周某某多次申请低保,石生富等人却以指标不足为借口,不予办理。

(二)扶贫款项审核过程中存在收受贿赂、玩忽职守现象

收受贿赂的现象在扶贫款项的申请过程中时有发生,但不如审核环节表现突出。弄虚造假通过申请环节后,在审核环节却绕不过检查。为了让基层干部"高抬贵手",贿赂审核干部的情况屡见不鲜。例如,广西壮族自治区融安县桥板乡党委原书记王时林,利用职务上的便利,帮助民营企业人员杨某某、周某某等人通过扶贫工程建设等项目审核,先后9次收受杨某某、周某某等人钱款共计12.5万元。

做不到"廉"是腐败,做不到"勤"也是变相腐败。还有一些扶贫干部在扶贫款项的审核过程中不履行职责,不负责任,给国家和贫困群众的利益造成重大损失。例如,云南省大关县翠华镇翠屏村党总支第一书记、驻村扶贫工作队队长黄云斌,在精准识别摸底调查工作中,未按要求对农户住房逐一拍照,而是对同一农户房屋从不同角度多次拍照并分别假冒为其他农户房屋。

(三)扶贫款物分发过程中存在贪污、挪用、骗取扶贫款现象

在扶贫政策执行"最后一公里"上,分发扶贫款物工作屡出问题,基层干部利用职权贪污扶贫资金是常见的腐败现象,且方式变化多样,主要有贪污、挪用、骗取三种形式。例如,江苏省徐州市铜山区张集镇水口村党支部原书记郑帅,贪污村集体土地地上附着物补偿款111.40万元。再如,黑龙江省依安县富饶乡兴信村原党总支书记兼村委会主任李庆江在受乡政府委托发放兴信村四屯村民的泥草房改造补助资金过程中,谎称资金不足,让村民先签字确认收到改造款,承诺等下批资金到位后再发放,将32户村民的泥草房改造补助资金15.55万元据为己有。又如,新疆维吾尔自治区喀什市阿瓦提乡民政办低保专干麦麦提江·喀日,利用职务上的便利,私自挪用阿瓦提乡农村低保资金173万余元,并将其中101万余元用于赌博,最终全部输掉。

二、基层扶贫政策执行"最后一公里"腐败问题成因分析

基层扶贫工作中腐败问题的形成原因既有与其他腐败的共性,又有其特殊性。结合前文对基层扶贫工作落实过程中存在的突出腐败问题研究,本文认为,基层扶贫政策执行过程中的腐败问题成因可以从主体层面因素、制度因素和客观环境因素三方面来展开分析。

(一)问题产生的主观因素

1. 基层干部官僚主义思想较严重,未能树立正确的服务意识

中国经历了漫长的封建社会,封建等级观念根深蒂固,应该承

认，官僚主义的"病根"还没有彻底清除。基层干部在国家行政体系中虽处于低层，但其地位堪比"一方诸侯"，特别是一些农村基层干部"土霸王"思想严重，在地方事务管理和资源配置中起绝对作用。在基层扶贫领域，官僚主义主要有三种表现：一是高高在上，官气十足。基层干部觉得自己地位高于群众，官架子十足，不愿付出劳动，没有深入贫困群众之中做调查。二是长官意志，衙门作风。一些基层干部做扶贫决策时觉得自己比群众有智慧，不尊重群众的意愿，不听取群众建议，不关心其他干部的合理意见，对上层领导客客气气、点头哈腰，对下级态度粗暴蛮横、独断专行，对困难群众情感冷漠、嗤之以鼻。三是精神懈怠，不思进取。部分基层干部受自身知识水平的局限，在带领困难群众脱贫致富的能力上有欠缺。畏难就不登高，一些基层干部做起了"甩手掌柜"，做太平官，缺乏改革勇气。官僚主义的根本问题是领导与群众的关系问题，这些基层干部缺乏群众观念和公仆意识，没有真正树立起全心全意为人民服务的宗旨观念，没有真正解决好立党为公、执政为民的问题。

2. 基层干部受享乐主义影响私欲膨胀，权力观扭曲

习近平总书记曾不止一次强调过，"当官就不要想发财，想发财就不要去做官"。既然选择了从政，就不能为自己谋利，就不能把钱看得太重，因为群众的信赖与口碑比金子更可贵、更值得珍惜。只有从上任伊始就树立正确的权力观，初心不改，才能做好官。现今，基层干部工资普遍偏低，不能满足其不断增长的物质需求，对优越物质生活的渴望、攀比心理的作祟等因素，都会成为他们廉洁底线崩塌、产生腐败行为的催化剂。我国封建社会历史漫长，腐败贯穿其中，贪官污吏乱象频出，这从客观上导致了当官就能发财思想的产生并积淀于人们的脑海深处。特别是长期生活在乡村环境中的基层干部，受这种腐朽思想荼毒更为严重。在其观念中，当官就有了权，有权就有人找"办事"，有人找"办事"就有好处，因此"当官"和"发财"两者存在着必然的联系，当官变成了敛财的一个跳板。

3. 基层干部存在侥幸心理,低估行政腐败风险

马克思在《资本论》中写道:"一旦有适当的利润,资本就大胆起来。有50%的利润,它就铤而走险;为了100%的利润,它就敢践踏一切人间法律;有300%的利润,它就敢犯任何罪行,甚至冒被绞首的危险。"人都会在利益的驱使下选择铤而走险,基层干部也是如此。而我们所说的行政腐败风险,就是行政腐败行为的预期成本与其预期收益之间的差值。基层干部在扶贫工作中的预期收益是相对明确的,也就是可以利用职务之便非法获取的贿赂与扶贫款物等的价值之和,而对于腐败成本的判断则主要考虑两个因素:一是腐败行为被发现的可能性,二是受处罚程度。

习近平总书记在十八届中央纪委三次全会上指出:"领导干部要心存敬畏,不要心存侥幸。"但是一些基层干部在腐败成本的衡量上却常抱有侥幸心理,以为自己的腐败行为人不知鬼不觉,远远低估了行政腐败的风险值。首先,在腐败行为被发现的概率上,由于腐败行为涉及的因素繁杂且多变,其中任何一个环节出现了问题(比如群众举报、串案、窝案相互牵连、意外事件曝光等),都会使腐败曝光的概率大大提升。其次是对腐败行为受处罚程度的低估。十八大以来,党和国家加大反腐力度,坚持"老虎""苍蝇"一起打,坚决查处领导干部违纪违法案件,并切实解决发生在群众身边的腐败问题,对基层行政腐败的惩罚力度也在不断加大,在中央纪委公开曝光的典型案例中就有大约四成官员被免职并移送司法机关。

(二)问题产生的制度因素

1. 基层扶贫领域民主决策制度执行不到位

在2015年11月29日发布的《中共中央国务院关于打赢脱贫攻坚战的决定》中,明确提出"抓好精准识别、建档立卡这个关键环节,为打赢脱贫攻坚战打好基础"。根据要求,政府扶贫部门在审核确定贫困人员名单和扶贫开发项目时,需要经过基层民主评议、评审,然而在实际扶贫工作中,存在大量并未经过民主评议、评审,也未经过实地走访调查,基层干部就私自做出决定的情况。在基层组织中,多表现为村支书、村长独断专行搞"一言堂"。权力趋向腐败,绝对的权力导致绝对的腐败。部分基层干部在人、财、物的管理上大权独揽,特别是在重大扶贫项目申请、实施和低保待遇人员确定等利益问题上,不坚持原则和标准,经常发生优亲厚友、收受贿赂的行为。正是由于基层扶贫领域民主决策制度执行不到位,走形式、干面子活儿,甚至干脆置之不理,致使许多地方的基层干部在扶贫工作中独揽大权,为基层扶贫领域的寻租腐败创造了机会与条件。

2. 基层扶贫领域款物管理较为混乱

党和国家在脱贫攻坚战中投入了大量款物,这些款物在帮助贫困群众的同时,也成为一些"苍蝇"眼中的"美食",基层扶贫领域款物管理的混乱给了他们"可钻的空子",他们利用职务之便截留、骗取、克扣物资的方式,可以说是花样百出。扶贫款物的来源和渠道众多,整个分发链条中涉及的部门较多,相应工作人员需要完成的任务繁杂,责任分解后统一管理难以有效达成。同时,扶贫资金的分配过程环节较多,加之项目管理涉及范围较广,划拨涉及全国各地市县、乡镇、村的所有困难群众,这便给了腐败群体可乘之机,侵占扶贫款物中饱私囊的情况时有发生。目前,我国基层扶贫工作层面上的监管范围十分有限,农村多以自然村落形式分布,范围广、人口稀疏,一定程度上给管理工作带来了不小挑战,极易出现扶贫款物落实情况不明晰现象。现有的管理现状又不足以规避扶贫款物管理环节存在的风险,有发生"管理真空"的可能,致使扶贫款物"落地无声"。

3. 基层扶贫领域权力监督与制约机制不完善

首先,基层民主监督难以实现。基层困难群众多是普通农民,受文化程度较低、信息获取途径有限、政治参与热情不高等因素制约,许多被扶贫的困难群众并不了解实情,民主监督环节也不想参与。常常是"扶贫政策能落我身上最好,否则这事儿也就与我无关了",而对扶贫工作全流程的监督更是难以涉及,这就使大权在握的基层干部成了"脱缰野马",给其在扶贫工作中的贪腐留下了空间。其次,反腐规章得不到切实的执行。基层环境特殊,"天高皇帝远",特别是在乡村政治环境中,村干部具有绝对权力,是基层真正的领导者,这就容易使其利用手中的权力结党营私,上下勾结,与监管部门形成抱团腐败。党和政府虽然不断加大反腐力度,制定了一系列有关党纪、政纪的政策和制度,下达了一系列"通知""决定""规定""条例"等文件,但在实际工作中很难真正在基层干部中得到贯彻落实,使部分基层干部有机可乘。

4. 基层扶贫项目落地与实施条件不契合

贫困农民自身知识水平有限且参政能力欠缺,但农业产业发展和产业开发的扶贫项目又需要具有一定素质和知识能力的新型农民。在二者不契合的情况下,一些地方出现大量鼓励基层干部、工作人员以"领办""承办""干部带头"等方式开展扶贫领域工作的情况。产业发展项目资源和扶贫开发资源在此基础上以补贴的方式向其倾斜,这些基层干部和工作人员成为扶贫开发和产业发展中的受益主体。部分基层干部以"带头"的方式强势进入扶贫领域,在一定程度上侵占了贫困农民发展的机会,是一种变相的腐败,更为那些从开始就是装装样子、不落实工作的基层干部提供了腐败的土壤。

(三) 问题产生的环境因素

1. 农村社会结构失衡,加剧扶贫工作中腐败问题的产生

当前农村出现一个新现象,即能人外迁,弱者沉淀。农村贫困地区资源禀赋差,就业机会供给严重不足,有能力、有手艺的人都进城寻找发展机会,而在体力、智力和文化程度上相对欠缺的弱者却只能留在农村。如今农村人口的组成大部分是留守儿童、老人和受教育水平较低的妇女,导致农村社会结构的严重失衡。这就造成村民不足以承担起扶贫项目,在这种现实条件下,农村的能人群体被推到扶贫工作前台唱主角就显得理所应当了。但同时,也有一些农村能人缺乏集体主义道德观念,不愿费时间、花精力来带动其他村民脱贫致富,而是在取得扶贫项目资金后"吃独食"。村庄组织运转不透明情况也越来越严重,一定程度上加剧了基层政权和村庄层面的腐败程度。

2. 农村残留"官本位意识",村民有效监督难以实现

从当前农村实际来看,"官本位意识"不仅存在于基层干部的头脑中,也浸染在农村群众的头脑中,且这种思想观念认同度较高。中国社会历来注重身份取向,在人们内心深处,当官不仅仅是一个职业,更是一种权力、身份、地位、声望和荣耀的象征。农村地区这一价值取向更为严重,受身份崇拜或身份惧怕的观念影响,"官本位"认同感不断上升,这就致使村民对监督基层干部常有不想、不能、不敢的潜意识。"官本位意识"的残留极大地污染了农村社会的人文环境,更使有效监督难以实现。

3. 农村"人情关系"现象浓厚,廉洁氛围相对匮乏

贫困农村经济发展落后,人与人之间的依赖关系明显,家族宗亲观念根深蒂固。在农村干部选举中,经常存在被选举人通过亲朋好友的帮助选举成功,又"反哺"其亲朋好友的情况。许多村民在痛恨基层干部腐败行为的同时,又希望自己也能"开小灶",可以"走后门",当然,这并不是真正的痛恨腐败行为,而是痛恨自己没有腐败机会,不能通过腐败手段为自己谋利益。廉洁氛围的匮乏难以形成干群之间的良好互动,反而容易滋生和助长腐败。

三、治理基层扶贫政策执行"最后一公里"腐败的主要措施

习近平总书记在全国脱贫攻坚表彰活动中指出:"全面建成小康社会,实现第一个百年奋斗目标,一个标志性的指标是农村贫困人口全部脱贫。"扶贫政策执行"最后一公里"是狠抓脱贫扶贫工作落实的关键环节,只有保证工作到村、脱贫到人,才能保障第一个百年奋斗目标顺利实现。因此,基层扶贫政策执行"最后一公里"的腐败问题亟待解决。本文认为应从以下四方面加强对我国基层扶贫领域腐败

的治理。

(一) 加强基层干部廉政教育

1. 提升基层干部宗旨意识

首先,要从组织上做好选人、用人和管人的工作。特别是选人环节,要将个人品德作为基础性选拔条件,注重德才兼备。其次,要从思想上进行教育、说服和感化。特别是工作责任心问题,要树立"在其位,谋其政"的重要使命感。切实落实对基层干部的培训和教育,防止走过场,选择多种教育方式,使其可以经常感受到理想信念、宗旨意识和党的各项方针政策的洗礼,从而严格要求自己,这是基层扶贫工作中有效抵御腐败的思想保证。再次,要在工作作风上树立为民、亲民、爱民的观念。把群众满意不满意、答应不答应、高兴不高兴作为扶贫工作的出发点和落脚点,诚心诚意为群众办事,全心全意为群众着想,脚踏实地为群众服务。

2. 引导基层干部树立正确权力观

首先,要引导基层干部对权力产生的根源有正确的认识。习近平总书记提出,正确权力观包括两点内容:"第一,我们社会主义国家的一切权力,都是党领导全国各族人民经过新民主主义革命和社会主义革命取得和实现的,都是属于人民的;第二,我们党作为执政党是代表工人阶级和全体人民在全国执掌政权,共产党员和领导干部手中的权力都是人民赋予的。"基层干部应该充分认识到农民群众在我国社会主义革命和社会主义建设中的重要作用,更应该明确在新时代,农民群众是全面建成小康社会、打赢脱贫攻坚战的主力军。其次,基层干部要对权力的目的性有正确认识。既然权力来源于人民群众,就要坚持权为民所用,利为民所谋,情为民所系。马克思在《共产党宣言》中指出,共产党人"没有任何同整个无产阶级的利益不同的利益"。中国共产党作为马克思主义执政党,是一个完全没有自身特殊利益,时刻坚持为人民群众谋福利的政党。各级政府努力推进扶贫工作,就是要让人民尤其是广大农村群众都享受到改革发展的成果。最后,基层干部要树立正确的权力监督观。正确的权力监督观,就是指基层干部要具备自觉接受监督的意识,自觉接受来自各个方面的监督。一是基层干部要拥有既是被监督者也是监督者的意识。每位基层干部既有监督他人的权利,同时又有接受农民群众、其他党员干部、上级领导及新闻媒体等监督的义务。二是要让"权力在阳光下运行",切实尊重、落实和保障贫困群众的知情权、管理权和监督权,确保监督渠道的畅通。

3. 强化基层干部违纪违法预警教育

在基层干部理想信念动摇、违法犯罪之前,如果能够通过预警机制给他们敲响"警钟",就可以避免造成其个人违法犯罪和社会损失。首先,基层干部应当让自己内心警钟长鸣。理想信念的丧失可怕的不是坍塌瞬间,而是日常生活中的每一次思想滑坡的累积。只有基层干部思想上出现偏差时随时得到纠正,才能够真正让腐败脱离滋生的土壤,才能真正让"预警"获得实效。其次,运用多种监督方式灵活了解基层干部动态,确保能及时地发现问题。纪检部门要更加重视群众监督和媒体监督的力量,形成多方合力,对在日常考察中出现的苗头性问题要高度重视、追踪到位,不让小问题拖成大问题,切实提高基层干部考察的实效性,把腐败扼杀在萌芽中。

(二)完善基层扶贫领域腐败预防制度

1. 保障扶贫信息的充分宣传、公开,落实民主决策

基层扶贫工作要落实民主决策,就要确保相关扶贫领域信息的宣传和公开。因此,针对当前基层扶贫领域出现的信息宣传不到位、信息公开不彻底或刻意隐瞒的问题,坚决落实基层扶贫信息宣传和公开制度就非常必要。让群众在"心里有数"的情况下参与民主决策,而不是糊里糊涂地来,糊里糊涂地走。首先,要充分认识到宣传对于扶贫工作的重要性。一是加强宣传队伍的建设,发挥青年基层干部优势,打造一支文化水平较高、接受能力较强、宣传方法较新的宣传主力军。二是应在各村召开村民大会,集中宣传各项扶贫政策,

并在入户走访过程中,根据贫困户的实际情况,有针对性地向贫困户宣传各项扶贫政策,做到让贫困群众心中有数,既知晓政策又善用政策。其次,要充分落实扶贫信息公开。阳光是最好的防腐剂,路灯是最好的警察,扶贫工作的全过程都要做到透明。一是要保证信息的及时更新和真实有效。可以充分利用乡镇、村的公开栏,发动有条件的乡镇、村利用电子显示屏滚动显示扶贫信息。二是要明晰责任,将扶贫领域信息公开工作纳入基层干部考核体系中。将信息公开制度工作分配到人,并与基层干部扶贫绩效考核直接挂钩,对执行优秀的给予奖励,对于实施中问题较多、屡教不改的基层干部予以通报批评,以问题曝光的压力倒逼扶贫信息公开机制的落实。

2. 完善扶贫款物管理机制,做好扶贫款物跟踪工作

规范扶贫领域款物动态管理机制,不仅可以切实提高扶贫款物的使用效率,也能在制度层面防止贪污、挪用等腐败行为的发生,有效减少扶贫款物的流失。一是要明确扶贫款物的流通过程,实时监测。在扶贫款物从发放到送达贫困户和扶贫项目管理人手中这一过程中,要尽量减少经手人,最大程度地压缩基层干部权力寻租的空间,从而让有限的扶贫款物落实到贫困群众手中。二是要规范扶贫款物的使用,及时公开。在扶贫款物的使用上,加强对扶贫项目的审批审核,要通过公开招投标的方式选择"优质、高效"的工程,在工程质量、工程安全、物资采购、资金使用等方面,建立实地检查、同步跟踪等制度,推行扶贫项目建设工作责任制,逐步建立"权责明确、行为规范、监督有效、保障有力"的防范体系,保障扶贫资金用到实处。

3. 构建畅通便捷的群众举报渠道,完善监督机制

首先,要确保群众举报渠道的便捷和畅通。完善基层的信访网络,设立精准扶贫违规违纪问题汇报的直通窗口,设立举报电话、举报信箱,聘请信访联络员,方便群众反映问题,同时采取纪检系统固定接访的方式来受理群众举报。其次,要确保群众举报能马上调查核实,做到不搞暂存。对群众反映强烈的重点问题,可以依据群众意愿,邀请举报群众参与到调查核实工作中,或组织面对面听证。要做到快速查清事实、解决矛盾,及时处理信访,就地化解矛盾,实现信访举报办理"零暂存",让"马上办"成为常态。

4. 在扶贫领域发展专业化社会组织,弱化权力集中

现阶段,社会组织特别是公益组织早已参与到扶贫、反贫事业中。在扶贫领域发展专业化的社会组织,可以通过整合社会资源、提供服务,来满足不同成因、不同情况的扶贫对象的脱贫需求和技能提升要求。政府部门应加快推进对社会扶贫服务资源的收集,做到紧密加强各组织间沟通交流,及时制定、完善对扶贫的鼓励措施,吸引更多社会组织加入基层扶贫工作,弱化基层干部在扶贫领域的绝对权力。一般来说,专业化社会组织为谋求自身的长远发展和利益最大化,不易与基层领导干部形成合作关系,但也要严格做好遴选工作,甄别出真正有能力和有信誉的社会组织,严防其弄虚作假,骗取宝贵的扶贫名额。

(三) 优化农村基层思想文化环境

1. 进一步提升村民自治参与程度

唯有建立在利益相关和知情的基础上,才是最有动力和最有效的自治参与。要提升村民的自治参与度,首先就要让村民明白参与自治是维护自身利益的根本保证。同时,要创新民主形式,针对现阶段农村社会结构失衡的问题,建立党员代表和村民代表参与机制,代表不仅要了解村民的意见,更要与外出务工人员保持联系沟通,了解他们的意见和建议,促使其代表全体村民参与各项村务管理,认真负责地将村民反映的情况与村委会及时沟通,向村委会提出合理意见和建议解决问题,并将处理结果及时地反馈给广大村民。如遇到重大事项,应由村委会召集全体村民讨论投票决定。

2. 培育农民的主体性

要治理基层扶贫领域的腐败问题,离不开民主法治进程的推进。要树立"以人民为中心"的思想,提升农民的主体意识,这是限制基层行政权力膨胀,防止权力高度集中的有效对策。要在扶贫工作推进过程中,充分发扬民主,保障农民的参与权、知情权,让群众有充分的参与感。在扶贫过程中涉及重大工程、公共建设的扶贫项目,应依法公开,严格遵守各项招标程序,同时开展招标听证会,农民自愿参与,确保公平、公开、公正;行政村扶贫过程中,对于贫困人员的审核认定、扶贫款的发放,要召开村委会讨论审议,集体表决;对于村内扶贫基础设施建设,要及时通告农民,听取农民意见,保障农民民主决策的权利;要定期对扶贫工作进展情况进行公示,自觉接受农民监督,采纳农民合理意见改进工作。坚决杜绝基层扶贫中"一言堂"和独断专行的行为,不断培养农民的民主意识。

3. 着力宣传廉洁文化

对农民群众进行廉洁教育的目的是培育农村基层廉洁文化氛围,使农民群众形成崇尚廉洁文化,主动抵制腐败行为的思想意识。只有广大农民群众勇于且善于同基层干部的腐败行为做斗争,才能够为预防基层扶贫领域腐败问题提供有利的思想保障。廉洁文化的宣传,首先要把村支"两委"办公场所作为主阵地,利用村委会的电视、广播等设备,播放教育片、音频资料,吸引群众自发观看和收听。其次,廉洁文化宣传标语设置要充分利用公共活动空间的"点、边、角、面",如群众经常休息的小广场、大树下,群众经常经过的道路旁等。最后,可充分利用农村集市。在集市设置宣传台,向村民发放相关惠民政策、党风廉政建设等宣传资料;春节时开展送廉政春联、年画等活动,让村民在购物的同时,能够感受到精神食粮。

(四)强化农村基层党组织建设

1. 选优配强村党支部书记

农村党支部书记是农村基层党组织建设的主心骨,是农村基层扶贫工作的排头兵。要按照党的十九大关于新时代党的建设的总体要求,特别是加强基层组织建设的具体要求,选优配强农村基层党组织负责人,为农村基层扶贫工作打造最强引擎。首先,要采取"派、调、引、选、培"等多种方法,拓展选人用人渠道,注重对村党支部书记的选拔和培养。一是注重根据当地扶贫具体问题选派党支部书记,实现分类指导,提高扶贫工作效率。二是重点培养当地党员中的"致富能手",不断提高其思想觉悟,深化党性认识,作为党支部书记的后备人选。三是深化"大学生村官"计划的实施,加强跟踪培养,提供相应政策保障,让大学生村干部待得住基层、干得好工作,为村党支部书记储备人才。其次,要加强对村党支部书记的教育培训力度,不断完善教育内容,创新培训方式,促使教育培训工作逐步向科学化、制度化、规范化方向发展。一是以村党支部书记工作中遇到的具体问题为导向,有针对性地开展教育,实行分类化培训。二是要采用灵活多样的教育形式,如充分利用现代远程教育优势,大力推进村党支部书记开放式教育培训机制。

2. 整顿软弱涣散的党组织

对软弱涣散的农村基层党组织的整顿要找规律、抓重点,逐一突破"不团结、不办事、不公正、不廉洁"的"四不"问题。首先,要找出基层党组织不团结的具体原因,积极化解矛盾,明晰党组织成员各自的职责,形成工作合力。其次,要对工作懒散、缺乏主动性的农村基层党组织成员进行批评教育,树立其服务意识,推动其作风转变。最后,对那些带领群众致富能力不强,组织动员力弱,办事不公,管理混乱的党组织进行专项治理。

参考文献

1.《中央纪委公开曝光六起扶贫领域腐败和作风问题典型案例》,中央纪委国家监委网站,http://www.ccdi.gov.cn/2018-04-19。

2.《中央纪委公开曝光八起扶贫领域腐败和作风问题典型案例》,中央纪委国家监委网站,http://www.ccdi.gov.cn/2018-01-31。

3.华夏孝悌:《习总书记"想发财不要去做官"说与谁听》,人民网——中国共产党新闻网评论,http://cpc.people.com.cn/2014-05-05。

4. 莫光辉,张菁:《扶贫领域的腐败现象及精准反腐机制建构——精准扶贫绩效提升机制系列研究之八》,《中国党政干部论坛》,2017年第4期。

5. 莫光辉:《精准反腐:脱贫攻坚战的政治生态保障——精准扶贫绩效提升机制系列研究之九》,《行政论坛》,2017第1期。

6. 莫光辉,张菁:《精准扶贫领域的腐败问题及预防机制建构》,《学习论坛》,2017第4期。

7. 王春光,孙兆霞:《扶贫开发:惩防腐败应重点关注的新领域》,《中国党政干部论坛》,2013年第9期。

8. 熊莉萍,黄超:《当前农村精准扶贫政策执行困境及其破解之道探讨——以湖北省阳新县大王镇精准扶贫实践为例》,《云南行政学院学报》,2017年第1期。

9. 马润凡:《当前我国官本位意识的危害及其治理》,《中州学刊》,2013年第2期。

10. 胡佳:《浅析社会组织参与精准扶贫》,《经贸实践》,2017年第9期。

11. 蔡项龙:《脱贫攻坚要打好防腐持久战》,《中国纪检监察》,2016年第11期。

12. 徐行,田晓:《农村基层党组织建设的现存问题与对策思考》,《学习与实践》,2011第3期。

13. 王文涛:《制度预防腐败理论视角下我国基层扶贫领域行政腐败问题研究》,华中师范大学,2017年。

14. 伍晓艳:《中国乡镇基层腐败的特征及防治对策》,华东政法大学,2016年。

15. 马丽娟:《农村基层干部权力观教育研究》,哈尔滨工程大学,2013年。

基层信息公开与"微腐败"治理
——基于村务与政务公开有机衔接的视角

袁方成　郭易楠[①]

摘　要：在基层治理发展改革和反腐败斗争中,基层信息公开对于"微腐败"的治理发挥了关键的作用。基层信息公开实施至今,其制度日益健全、范围不断延伸、形式日趋丰富,但基层信息公开的有机衔接仍有较大的发展空间。在当前发展阶段,亟待完善和健全的就是政务公开与村务公开的衔接和关联机制,要推动二者在基层自治主体、政策、制度方面的衔接与联动。通过对政务公开与村务公开二者有机衔接的创新,基层信息公开进一步的实现,使基层自治权力在阳光下运行,实现对"微腐败"的有效防范和治理。

关键词：微腐败；微权力；基层政务公开

党的十八大以来,以习近平同志为核心的党中央大力推进党风廉政建设和反腐败斗争,一只只"大老虎"应声落地,百姓人人拍手叫好。与此同时,"微腐败""小官巨贪"的事件频频曝出,不断刺激着百姓的神经,如安徽省淮北市烈山区烈山镇烈山社区原党委书记刘大伟挪用公款4700万元私开公司,侵吞村办企业1490万元股权,涉案金额高达1.5亿元;丹棱县杨场镇黄庙村殷仲安在任黄庙村党支部

[①] 袁方成:华中师范大学政治与国际关系学院教授,博士生导师。郭易楠:华中师范大学中国农村综合改革协同创新中心助理研究员。

书记期间,利用职务便利,侵吞、骗取国家补助款和惠民资金6.11万元;收受企业老板贿赂2.49万元,并为其谋取利益;挪用公款2万元;私存公款8万元。相比远在天边的"大老虎",群众对近在眼前的"苍蝇式"贪腐感受更为真切,对于它的危害,有人甚至用"蝇贪猛于虎"来形容。因此,加大力度整治群众身边的蝇贪,既是全面从严治党向基层延伸的必然举措,也是人民对反腐的客观要求。

一、基层信息公开与"微腐败"治理

近年来,各地"小官腐败"事件的频频曝出,引起了党中央和各级监察机关的重视。十八届中央纪委二次全会上,习近平总书记指出要坚持"老虎""苍蝇"一起打,既坚决查处领导干部违纪违法案件,又切实解决发生在群众身边的不正之风和腐败问题。十八届中央纪委五次全会又再次明确要求各级纪检监察机关加大对群众身边腐败问题的查处力度。在中央纪委六次全会上,习总书记强调微腐败也可能成为大祸害,它祸害的是老百姓切身利益,啃食的是群众获得感,挥霍的是基层群众对党的信任,要推动全面从严治党向基层延伸,维护群众切身利益,让群众更多感受到反腐倡廉的实际成果。十八届中央纪委向党的十九大的工作报告显示,五年来,全国纪检监察机关共处分村党支部书记、村委会主任27.8万人。增长的数据一方面反映了基层纪检监察机关严查腐败问题的力度不断加大,另一方面也表明了基层腐败问题的治理工作仍然任重道远。

"微腐败"并不是一个学理概念,它是相对于"大腐败"而言的,从程度上讲是"微",但是"腐败"性质与"大腐败"无异。而且,无论是"微腐败"还是"大腐败",其本质都是社会公共权力的滥用,都会对社会造成腐蚀,其所引发的问题都是当前亟须解决的痼疾。"微腐败"的典型特点有三个:一是小,指乱用公权的的行为很小;二是多,这种乱用公权的行为比较普遍;三是社会公众对其态度暧昧。正是这些特点使其在相当一段时间内较为隐形,但这种相对的隐形会使其造成的影响在广度和深度上持续延伸。

2017年,党的十九大报告又明确提出要坚持反腐败无禁区、全覆盖、零容忍,在坚定不移"打虎""拍蝇""猎狐"后,自上而下的惩贪反腐及各类"微腐败"专项整治雷厉风行,大贪巨腐整治成效卓然,"微腐败"治理亦收效颇丰。人民对廉政建设的满意度逐年拔升,但"微腐败"量大面广,加之其形式隐蔽,取证困难,治理难度仍然较高,尤其突出体现在乡村治理过程中。

"微腐败"的滋生与对"微权"监督和规制不足有关。"'微权力'也是权力,'微腐败'也是腐败,权力必须受到监督,腐败必须受到惩治。"权力的规范行使和持续作用的前提就是要有相应的监督机制发生作用,"微腐败"的滋生就是"微权力"未受到应有监督的后果。长期以来,基层"微权力"的监督机制未得以充分的建构与实施,致使"微腐败"处在监管的末梢,进而难以得到及时预防和有效惩处。权力无论大小,都应该"关进笼子里","笼子"就是针对每个层级的权力规制,基层权力的规制机制和措施不足,则会使"微权"偏离正轨,滋生"微腐",引发一系列的基层社会问题。所以,根治"微腐败",必须管好基层"微权力",并形成对"微权力"的长效监督与规制。

"微腐败"的滋生与我国基层治理能力不足有关。提高基层治理能力是防治"微腐败"的重要举措。我国基层群众自治制度是在民主集中制原则基础上建立起来的,包括民主选举、民主决策、民主管理和民主监督在内的一整套民主治理体系。提高基层治理能力,必须使这套基层群众自治制度真正高效地运转起来,在管理基层公共事务和维护群众合法利益中真正地发挥作用。而将群众自治制度高效运转起来的前提是保证群众的知情权、参与权,充分调动群众参与的积极性,加强对权力运行的制约和监督,让人民监督权力,让权力在阳光下运行。在这一系列的机制体制得以切实贯彻落实的情况下,基层治理能力才能得到进一步提高。在相当一段时期内,每个地区"微腐败"的严重程度与当地的基层治理能力是密切相关的。

根据《村民委员会组织法》的规定,村民委员会实行村务公开制度,村委会应当及时将村民关心的事项如实公布,但在实践过程中,村务公开普遍存在随意性和零散性,给基层微腐败留下了可乘之机。尤其是近年来随着精准扶贫工程的推进,少数村干部利用职权"微腐败",有的虚报冒领、截留私分、挥霍浪费扶贫资金,侵占农民的救命钱,让党的扶贫政策落了空。如新疆则格德恩呼都格村村党支部书记卡木尔冒领小麦补贴款5万多元,截留扶贫羊41只;湖北省十堰市竹山县擂鼓镇碾盘村党支部书记、主任柯美根编造虚假资料,套取国家危房改造资金10000元,用于偿还村级债务;广西壮族自治区平乐县二塘镇大展村原党支部书记卢瑞峰通过编造虚假发放表、截留猪苗等方式,个人违规获利1.28万元,并收受猪苗出售人"好处费"0.47万元。尽管这些钱对于贪腐分子来说不算多,但对于亟待拿钱救命或生活的贫困农民而言却有着绝对意义。精准扶贫涉及项目较多,如面向孤儿及无人抚养儿童的基本生活费,水库移民款,危房改造款,青苗款,冬春救助款,退耕还林款,土地安置款等,而这些项目往往是农村基层干部"微腐败"易发、高发的领域。

基层干部权力虽"微",可一旦滥用权力就会导致腐败,进而严重损害人民群众的切身利益。基层"微权力"虽小,却是实打实的硬权力,与群众生产生活紧密相连,涉及政策落地实施、惠农资金发放、困难户的确定、宅基地的审批、征地拆迁等诸多方面。"微权力"倘若调配得当、落实得力,基层民众的权益就能得到很好的保障,基层社会就能实现和谐有序发展,而如果缺少有效监管,"微权力"就可能会任性妄为,产生"微腐败"。倘若群众身边"蚁蝇扑面","大老虎"打下再多,也难以改变群众心中的反腐观感和反腐成效。事实上,"微权力"一旦为"蚁贪蝇腐"所掌握,便成为勒在群众脖子上的重权、强权,不仅祸害百姓,涣散民心,掣肘地方发展,还污损地方政治生态,影响政府公信力。

二、基层信息公开的衔接与联动

政务公开和村务公开作为我国政权建设和民主政治建设中的重要形式,是转变乡镇政府职能、提升基层治理水平、维护群众民主权利、实现基层民主的重要手段,是防范和治理"微腐败"的关键环节和实现基础。国务院办公厅印发的《2017年政务公开工作要点》中要求"全面贯彻党的十八大和十八届三中、四中、五中、六中全会精神,全面推进决策、执行、管理、服务、结果公开,加强解读回应,扩大公众参与,增强公开实效",表明政务、村务公开不仅要作为满足人民群众知晓政务、村务活动的形式,同时也应该是集公开、解读、回应于一体的立体式公开,为各地进一步深化政务公开与村务公开工作确定了原则和方向。改革以来,乡镇政务、村务公开在广度和深度上持续推进,呈现出一些新态势,包括公开制度从地方探索到立法规范,公开内容从结果公开向过程公开的拓展和延伸,公开形式由乡镇、村单向公开向乡镇、村和村民的双向互动转变,一些地方在推进政务公开与村务公开的过程中开始探索政务与村务的联动公开,等等。

(一)从地方探索到立法规范:公开制度日益健全

随着中国乡村治理结构和村民自治制度的变迁,政务公开与村务公开的制度构建日趋健全和完善,规范化程度也越来越高。经历了自发形成阶段、政府推动阶段、全面推行和制度化运作阶段,村务公开逐渐由地方性的探索上升为国家层面的立法规范,村务公开制度构建日趋完善,规范化程度也越来越高。(见表1)

表1 村务公开的历程与变迁

阶段	主要政策文件	相关规定
自发形成阶段 (1980—1987)	1987年《中华人民共和国村民委员会组织法(试行)》	国家开始通过基本法律来规范村务公开等村民自治活动,村级财务公开

续表

阶段	主要政策文件	相关规定
政府推动阶段（1987—1997）	1994年《全国农村村民自治示范活动指导纲要（试行）》	将与村民利益相关的其他村务纳入村务公开的范围
全面推行和制度化运作阶段（1997至今）	1998年修改后的《村民委员会组织法》，2010年再次修改后的《村民委员会组织法》；2004年《关于健全和完善村务公开和民主管理制度的意见》	将村务公开在实践中扩大公开范围的做法予以确认；进一步健全和完善村务公开和民主管理制度

政务公开在我国的实践，是从村务公开开始的。经过1949年以来尤其是改革开放40年来的发展，政务公开经历了一个从村到乡镇并逐步扩大的过程，目前已成为全国各级政府法定的一项日常工作任务，成为政府治理的基本工具和基本方式。由表2可知，我国政务公开与村务公开经过基层探索与初期发展阶段、以信息公开为主要内容的重点推进阶段以及当前全面公开阶段。乡镇政务、村务公开通过自下而上与自上而下的结合，逐步实现了从无到有，由少到多，由原则到具体的演变，获得了日益健康的制度环境和日趋完善的机制保障，公开的内容、范围方式和程序日趋制度化和规范化。

表2 政务公开的历程与变迁

阶段	大事记	主要政策文件
基层探索阶段	20世纪80年代，山东、江苏等地的"村务公开"探索；1988年，河北藁城"两公开一监督"	1996年《在中共中央纪律检查委员会第六次全体会议上的工作报告》，提出"县（市）、乡镇及行政村、基层站所，要实行政务公开制度"；1997年《中共中央第十五次全国代表大会报告》提出"政务公开作为基层民主的重要工作"；2000年《关于在全国乡镇政权机关全面推行政务公开制度的通知》

续表

阶段	大事记	主要政策文件
重点推进阶段	2003年,政务公开领导小组成立,政务公开与电子政务相结合	2005年《关于进一步推行政务公开的意见》; 2007年《政府信息公开条例》以及信息公开工作要点; 2011年《关于深化政务公开,加强政务服务的意见》; 2013年《关于进一步加强政府信息公开回应社会关切提升政府公信力的意见》
全面公开阶段	2014年,十八届四中全会明确提出"决策、执行、管理、服务、结果公开"	2014年《关于建立健全信息发布和政策解读机制的意见》; 2014年《关于加强政府网站信息内容建设的意见》; 2016年《关于全面推进政务公开工作的意见》和《实施细则》; 2017年《开展基层政务公开标准化规范化试点工作方案》

(二)从结果公开到过程公开:公开范围不断延伸

随着乡镇政务、村务公开工作的不断推进,政务公开与村务公开日益制度化和规范化,乡镇政务、村务公开的内容也随之变得更加广泛。从公开内容边界来看,二者公开范围呈现出共同的鲜明特征,即公开范围由结果公开逐步转向办事程序、依据、标准和结果等过程公开。

政务公开在推行之初,其公开内容仅包括乡镇政府行政管理、经济管理活动的事项以及与村务公开相对应的事项等。直到2016年中央办公厅、国务院办公厅联合印发《关于全面推进政务公开工作的意见》,明确提出"决策、执行、管理、服务、结果"全过程公开,明确将公开内容的范围从结果公开拓展为办事程序、依据、标准和结果等过程公开,乡镇政务才实现了过程、结果全公开。与之类似,村务公开的内容在立法之初主要是村民委员会办理本村的公共事务和公益事业所需费用的收支账目公开,即以财务公开为主要内容。直到2004年,《关于健全和完善村务公开和民主管理制度的意见》(中办发〔2004〕17号)的发布,实现了村务事项从办理结果的公开,向事前、事中、事后全过程的公开延伸。随着村务公开工作的深入推进,许多地方在实践中逐步将村务公开内容由结果公开向过程公开拓展。

(三)从单向公开到双向互动:公开形式日趋丰富

公开形式是展示乡镇政务、村务内容,传递国家政策,实现村民与国家互动的重要方式。长期以来,各地在实践过程中积累和发展了丰富多样的公开形式,概括起来主要包括:第一,通过文件、政报、通报、简报、办事手册、宣传材料等形式公开;第二,通过公开栏、公示板、墙报、布告等形式公开;第三,通过政府门户网站、电视转播等手段公开。很显然,这三类公开形式本质上是一种单方向的信息公开形式,即通过这种公开形式进行政务、村务信息的发布,村民们只能被动地接受乡镇、村公开的信息,既无法反馈自己的意见和评价,也无法检查信息反映具体事实的真实度和准确性。

随着新农村建设的深入发展和信息化技术的快速发展,"互联网+乡村"逐渐构建起农村公共服务平台,为乡镇、村推行电子政务、村务公开提供了丰富的手段和表现形式。各地在推行政务公开与村务公开的过程中,开始探索运用计算机、互联网和通信等现代信息技术手段,综合利用新媒体、广播、电视、报纸、公示栏等平台,将涉及农民群众利益的乡镇政务、村务信息通过电子化平台告知村民,并鼓励和支持村民参与互动、发表评论、实施监督,增强村民与乡镇、村的交互性。通过"互联网+政务""互联网+村务"的公开形式,乡镇、村将政务、村务信息有效地向村民公开的同时,村民能够有效参与监督并及时反馈,从而实现乡镇、村与村民的双向互动。

(四)从独立运行到联动公开:公开走向有机衔接

村务公开的推行要早于政务公开,随着村务公开的深入发展,在广大群众迫切要求下,我国开始实行政务公开。因此,在推行政务公开与村务公开的初期,政务公开与村务公开均是独立运行的。另一方面,近年来,为了促进乡镇行政管理与农村基层群众自治组织有效衔接和良性互动,规范乡镇政府的行政管理权及其对"村治"的指导权,保障村民的"自治权",一些地方逐步转变政务公开与村务公开独立运行的公开模式,开始探索和实行乡镇政务与村务的联动公开,以此加强对乡镇政府机关及党员干部权力运行的监督和制约,推动政务公开与村务公开的有机衔接和良性互动。例如,从1998年开始,陕西省眉县实行县、乡、村、组四级联动公开,协同制定了政务、村务、组务公开制度,在乡镇政府及七站八所实行政务公开、事务公示制度,同时将村务公开延伸到各个村民小组的组务公开,整体上形成了县、乡、村、组四级联动,政务、村务、组务齐公开的工作格局。如此一来,眉县的县、乡、村、组四级联动公开涵盖了基层公开类、民主自治类、办事服务类、自主服务类和统筹城乡重点改革等多方面内容,涉及基层群众生产生活的方方面面,将基层公开中容易出现的无序任意行为纳入制度化的框架中去,形成政务公开带动村务公开,村务公开促进政务公开的良好局面。

三、衔接机制缺陷及"治腐"影响

乡镇、村两级在推行政务、村务公开等方面进行了积极有益的尝试和探索,推动了政务公开与村务公开程序的日益规范、公开内容的不断拓展、公开形式的日趋丰富。同时,一些地方的乡镇政务与村务开始实行联动公开。然而,乡镇政务、村务公开在实际运作中仍面临着一些现实困境。近年来,基层干部腐败问题频出,主要原因之一就是乡镇行政管理权与村民自治权缺乏有效衔接和良性互动,基层干部用权缺乏有效的监督和制约,导致滥用职权,引发贪污腐败。在我国现行行政体制下,村干部具有"双重"代理身份——既是国家行政体系里没有"官职"的官,同时又是社会自治体的代理人,而现实往往是村委会成为基层政权的"腿",忽视了其自治体代理人的身份。在这样的情况下,村委会的功能和作用就会发生严重的扭曲,村委会日益行政化、官僚化,进而脱离基层群众。尤其是政务公开与村务公开推进失序和衔接脱节的"灰色地带",常常是村委会干部腐败的一大捷径。

（一）政务公开与村务公开推进失序

一是以点带面，避重就轻。当前乡镇政务与村务公开往往脱离"重点"，做表面文章，深层次的内容很难公开。在公开过程中只公开一些无关紧要的政务，而对反映权力运作的重点内容却设法回避。此外，政府与村庄公开的信息与公众需求的信息不相适应，公开的信息公众不关心，而公众真正关心的信息却得不到彻底公开。不仅如此，一些乡镇政务没有做到全面公开，公开内容不够详细，或只公开成绩，不公开问题；只公开容易公开的内容，对难以公开的内容则不公开或"轻描淡写"；只公开总目，不公开细目；前期公开，后期不公开；只公开结果，不公开过程；以事后公开代替事前、事中公开。个别村"犹抱琵琶半遮面"，公开内容不到位。公开只限于上级规定的项目，对群众要求公开但不在规定范围内的其他事项不予公开。对群众普遍关心的热点、难点问题言之不明，只简单地列出几个大项，明细项目含糊不清，有的甚至简单地用"其他"来代替，如与财务有关的债权债务、内部往来等重要项目公开笼统，没有做到逐笔逐项公开，使村务公开成为"讲在嘴上，贴在墙上，挂在栏上"的"皮影戏"。由于公开信息的匮乏，老百姓的知情权没有得到有效落实，这严重损害了村民对自治事务参与的热情和信心，结果导致村民的政治冷漠，如此也更加纵容了村干部的贪腐行为。

二是渠道单一，时效滞后。根据中共中央办公厅、国务院办公厅《关于健全和完善村务公开和民主管理制度的意见》的要求，各地农村应坚持实际、实用、实效的原则，在便于群众观看的地方设立固定的村务公开栏，同时还可以通过广播、电视、网络、"明白纸"、民主听证会等其他有效形式公开。而在大多数的乡村，村务公开的形式千篇一律，公开场所一般设在村部，公开栏在村部的墙上，有的干脆张贴在村办公室。有的地方由于村部离村民聚居点较远，很少有村民会去看公开栏内容。这就导致大多数公开栏形同虚设，多数村民不能够及时掌握公开内容，无法行使知情权和建议权，如浙江某村公布村财务账目的地点选在办公室,由于主要村干部移居在村外,村社区领导集体不安排值班,办公室平时不开门,村民群众看张榜公布的财务公告很不方便,实际是"秘密公开"。

同时,政务公开与村务公开的公开时间不够及时。需要公开的事项要尽早向村民公开,也可以采取定期的形式,但不得超过三个月。有些时间较长的事项,也要每完成一个阶段就公布一次进展情况。现实情况下,有的村委会半年才公布一次,有的一年甚至更长。通常也只是为了应付上级检查,检查过后,公开栏再次成为摆设。甚至有的村在公开栏只换日期不换内容,或把本该及时公布的信息拖到群众已经忘记事情原本真实情况的时候。例如,山西某上访者反映,该镇22个行政村十多年都未实施过财务公开;湖南某村支书在任24年,竟然从未公开过财务,所有账目都由他个人说了算。由于公开时间不够及时,公布内容陈旧,村民无法进行事前、事中、事后全过程监督,从而为腐败分子的贪腐提供了可乘之机。

三是运作失序,民意难达。运作失序指的是政务公开与村务公开在具体运作上缺乏规范性,公开程序不严谨。实施村务公开制度的法定民主程序应当是:首先由村委会提出初步方案,经过村务监督委员会审查后提交村"两委"联席会议讨论决定,然后村"两委"在公开栏公开,最后还应当收集群众意见并进行反馈整改,而现实情况经常是,总有一些村干部无视这些规定,习惯于大权独揽,一个人说了算。绝大多数村的"两委会"不能主动接受村民的询问和收集群众的意见,即使听取一些意见,对村民的反馈意见也不及时处理,暴露的问题不能尽快解决,只是把简单的问题复杂化。在整个过程中,村民们只能被动地接受信息,却无法反馈他们的意见和评价,也无法检查信息反映的真实度和准确度。显然,如此的村务公开不能达到实行此制度的目的,只能越来越走向形式化,进而将会出现村支书"一言堂"的现象,严重妨碍村民自治的民主化进程,甚至在整个村务公开过程中,事前不听取村民意见,事中不告知村民信息,事后不公布处理结果,以"暗箱操作"打开谋取私利之门。例如,刚刚被判决的伊通河源镇板石村原村主任孟某,其任职期间村里的公章甚至公款都由自己亲戚把持,且利用职务之便多次与人签订工程合同,私吞工程款;村内事务均没有主动接受群众的询问,不收集群众意见,"不听话"的群众甚至会遭到打骂,整个板石村成为孟某的"一言堂"。这些行为使人民的利益受到极大的损害,激起民众的不满,增加了社会的不和谐与不稳定因素,同时损害了政府的公众形象与公信力。

(二) 政务公开与村务公开衔接脱节

一是公开制度衔接不够。政务公开与村务公开制度不健全,缺乏完善周密的程序规范,二者在公开制度上的衔接性不够。政务公开工作基本上都有规范的制度进行指导,并有详细的政务公开目录,以确保政务公开有规可依,而村庄村务公开的制度性规范相对较少,公开的内容和程序主要由主管领导具体执行,这导致乡镇和村两级的政务公开衔接性不足,容易出现信息交叉和信息真空地带。而信息交叉和真空地带,就是"微腐败"高发的灰色地带,一些村干部希望利用信息真空地带打"擦边球",进而实现自己的贪腐行为。如近年来,随着各地扶贫工作的深入推进,大量物资流入乡村,乡镇对扶贫资金和项目的公开侧重于宏观方面,中间的具体分配指标和操作都由村委会具体安排,一些农村基层干部滥用职权,在扶贫资金和项目上"动手脚",搞"暗箱操作",从中为己或为他人谋取私利,这必然会侵害基层百姓的切身利益。

二是公开内容结合不足。村务是政务的具体反映和延伸,这就要求村务与政务的公开内容相互对应,确保群众在农村与乡镇了解到的事项具有一致性。当前,乡镇政务与村务公开内容缺乏上下的统一性与连贯性,绝大多数部门和单位的政务公开仍然停留在本单位办事程序、执法依据、收费标准等方面,公开内容信息匮乏,对群众所需要的、有价值的事项很少涉及。现有的公开内容还不能满足群众的知情权,而村务公开的主要内容分为政务公开、事务公开、财务公开三大类型,包括财务收支、财产及债权债务、收益分配等方面,所公开的内容大多是村级这一层面的公共事务、党务以及政务,而一些涉及县乡镇或更高一级的事务或政策等却没有向村民公开。这一方面使得上情无法下达,造成村民对国家政策、方针的误解或不信任;另一方面,使得下情无法上传到上级党委政府那里,造成上级党委政府无法通过及时了解民情民意来监督村干部。

而且,公开内容结合不足为基层贪腐主体提供了机会。一些基层贪腐主体往往就是通过欺下瞒上,对上向上级政府报送虚假信息,对下向群众隐瞒国家的帮扶措施。一方面,向上级政府报告帮扶款项已经发放到位。另一方面,并不告知群众相关帮扶事项,从而侵吞大量资金,进而达到谋取自身利益的目的。如此"微腐败"行为使政府投入的大量资金落入微腐败主体之手,并没有被实际有效地分配到所需村民手中,极易造成群众对政府信任指数的下滑,致使政府陷入"塔西佗陷阱"之中无法自拔。更严重的是,在错误行政信息的误导下,政府可能会将原本正确的决策调整为错误的决策。歪曲的行政信息阻碍了整个行政体系的信息传递和执行,大大降低了行政管理的效率。

四、以信息公开创新推进阳光治"腐"

"微腐败"产生的原因是多方面的,但是从根本上讲都是源于"阳光"的缺乏。所以说,针对"微腐"的频发,我们必须要从给予"微权"以充足的"阳光"为切入点进行治理,这里的"阳光"就是基层政务公开。乡政与村务是基层政务的两个相互关联的组成部分,只有二者的有效连接才能构成整个基层政务公开体系。虽然"微腐败"的问题较多地倾向于村务公开的不畅,但是村务公开的程度取决于政务公开联动效应的发挥。当前,村级自治组织——村民委员会由于承担了过多的行政事务,并且单方面被动接受上级乡镇政府安排的行政事务,缺乏有效的沟通,因此容易造成政务公开和村务公开出现断档,这就使腐败分子有了可乘之机,他们利用政务和村务空档的灰色地带,进行"暗箱操作",从中谋取利益。所以说,探究"微腐"的治理源头,归根到底还是要从基层政务公开入手,从政务公开与村务公开的联动和并进入手。

因此,要构建基层政务公开体系,就要着力突破阻碍乡镇行政管理权与村民自治权有效互动的现实困境,实现政府行政机制与自治机制互动、行政功能与自治功能互补、行政主体与村治主体互动,保证村民的知情权、参与权和监督权,让基层干部的权力行使在村民监督的"阳光"下运行,构建政务、村务公开的联动格局。一方面,加强政务、村务的联动公开机制,形成政务公开带动村务公开,村务公开促进政务公开的发展模式。另一方面,加强政务公开与村务公开的制度建设研究,包括加强县、乡、村级层面的民主评议制度、公开内容备案制度等,加强对政务、村务公开管理办法的监督检查,为建立政务、村务联动公开格局,实现二者的有机衔接提供制度基础,最终实现政务公开与村务公开的联动发展,协同共进,形成和完善针对"微腐败"的防范与治理机制。

(一)"阳光下的主体":乡镇行政与村级自治主体衔接

只有以推动乡镇政府管理归位和村民自治到位为目标,推动乡镇行政管理权与村民自治权有效衔接与良性互动,实现政务公开与村务公开的有机衔接,才能进一步理顺乡镇行政权与村民自治权的关系,有效落实乡镇政权对村级事务管理的监督,进而实现对村级"微腐败"的有效监督。

一是行政机制与自治机制互动。村务公开与政务公开有机衔接的前提是乡镇政府与群众自治组织的有效衔接和良性互动。一方面,规范乡镇政府和村民自治组织的责任和权限,规范乡镇政府指导职能和村委会的协助职能是乡政与村治、政务与村务衔接互动的首要前提。所以,应在现有乡村关系规定的基础上,完善法律法规,厘清"政务"和"村务"的具体内容、乡镇对村的指导方式、村对乡镇行政事务协助事项、基层群众自治的实现和保障等。另一方面,清单化明责,为乡镇政府和村级组织"松绑减压"。要联合中央组织部,以服务型乡镇政府和服务型村级组织建设为导向,指导各省编制乡镇政府和村级组织的动态化权责清单,全面梳理和制定乡镇政府权责清单、村(居)民委员会权责清单、依法协助乡镇政府工作事项清单,使乡镇政府和村级组织有清单可依、有清单必依、违清单必究。同时,要建立健全乡镇政府与村民自治组织的工作联系制度、情况通报制度、意见听取制度、监督反馈制度,真正发挥乡镇政府对村务公开等方面的指导作用。

二是行政功能与自治功能互补。一方面,加快推进政府职能由侧重管理向管理与服务相结合转变,强化基层政府的社会管理和公共服务职能,改进社会管理和公共服务的方式,转变乡镇政府对村民自治的指导形式,为村务公开提供必要的经费和条件,并对村务公开工作实绩好、群众满意度高的村民自治组织,给予一定的奖励和补贴。要根据经济和社会发展实际,不断加强对村务公开的培训,进一步强化其民主意识,提高村务公开水平,使村民自治组织在基层民主建设中真正发挥应有的作用。建立健全基层管理和服务的财力保障机制,为乡镇行政管理和村民自治之间的有机衔接和良性互动提供体制保障。另一方面,要增强村民自治功能,积极承接政府转移出来的部分行政管理和服务职能。村民委员会尤其要尊重集体经济组织、互助性经济组织、农业社会化服务组织以及其他经济组织依法独立开展活动的自主权,保障各类经济组织和村民的财产权和其他合法权益。要完善村务公开制度,凡涉及农村各项事业发展的重要事项,尤其是重大村务和财务事项都要依法召开村民会议或村民代表大会讨论决定,提高村务管理和决策的科学化和民主化水平。"政经分离"与民主决策的实现,可以有效地将基层权力的集中程度进一步降低,而且将最易发生腐败的经济领域与行政事务进行剥离。

三是行政主体与村治主体互动。一方面,不断提升乡镇行政管理主体指导村民自治的能力。乡镇干部要充分领会村民自治的意义,明确乡镇政府和村民委员会是指导与被指导的关系,从上下级的隶属、指令性执行观念转变为平等互助、民主协商观念,充分尊重村民和村民自治组织的自主权利,通过引导和指导,积极发挥其作用,促进乡镇行政管理与村民自治的有机衔接和良性互动,完善"乡政村治"下的农村基层治理模式,不断推进村民自治的发展进程。另一方面,提高村民自治主体的自治能力和协助乡镇政府做好各项工作的自觉性。引导村民正确认识村民自治与党的领导、国家的法律制度和乡镇政府的行政管理的关系,自觉消除村民自治失序的倾向。增强村民民主法制意识,使其学会正确行使民主权利,提高村民自治的素质和能力,自觉抵御各种因素对村民自治的侵蚀和干扰,防止村民委员会的过度行政化,实现村民的自我管理、自我教育和自我服务。在此基础上,实现村务公开和村民自治共同作用,使村级的腐败行为无机可乘,在村民自我管理能力和服务能力提升的前提下,村级事务的决策和实施才不会归于村级干部个人,从而降低村级干部的主观干预能力,减少其谋取私利的可能。

(二)"阳光化的机制":建立政务、村务联动公开机制

在"阳光下的主体"实现的基础上,"阳光下的机制"才能得以构建,二者共同发生作用,才能在内部和外部均形成较为完善的"防腐环境"。在实现乡镇行政权与村民自治权的有机衔接,治理主体实现"防腐化"之后,需要进一步地强化乡镇政府的社会服务功能,强化村民自治能力,建立健全和完善政务公开与村务公开联动发展机制。

一是明确政务、村务公开的衔接重点。衔接重点必须立足于乡政与村务二者之间的关键环节,从公开的方式方法、公开领域内容以及公开形式衔接方面促进基层政务公开的真实有效。首先,加强政务、村务在公开制度上的衔接。政务公开与村务公开的制度衔接是保证二者有机衔接的制度保障,应在现有的政务、村务公开制度基础上,以"实际、实用、实效"为原则,进一步健全和完善民主评议、公开

内容备案和定期督察等相关制度。在对村务公开的制度性执行方面，乡镇政府应做出具体的解释性工作，对村务公开与政务公开衔接部分的内容做好规划与引导。其次，重点抓好公开内容的结合性，做到实事求是，有所侧重。政务公开的内容是要重点公开惠农政策、农村经济社会发展规划、群众关心的热点难点问题。村务公开则要与乡镇基层站所政务公开相结合，与农村集体企业的厂务公开相结合，要把发展党员、农村领导班子考评情况，计划生育情况，宅基地申报和审批情况，优待抚恤金的发放情况，农村特困户补助、低保资金发放情况，征用土地及土地补偿费等列入公开内容，尤其是新农村建设中各项支农资金项目、社会捐助，乡镇和村都要将其纳入公开范围，实行联动公开。

另外，加强政务公开、村务公开形式的拓展和衔接。乡镇、村要积极优化和丰富政务、村务公开形式，及时把握通信工具、网络社交媒体、移动客户端发展的趋势，探索新媒体应用，使"两微一端"（微信、微博、新闻客户端）成为政务公开、村务公开的新模式，构建一体化网上政务、村务服务平台，实现资源一体共享、工作一体完成、系统一体集成。农村要在原有公开栏的基础上，扩展通俗易懂、简便易行的公开形式，如会议、广播、明白纸、便民手册等，要通过便民服务室、社区工作站、信息查询站、公示宣传栏、电子显示屏等途径，不断丰富公开载体，在"微腐败"的治理与预防方面实现全面、切实又具有针对性的公开效果。

二是创新政务、村务公开的联动办法。县乡两级政务公开作为村务公开的外延，要实现政务、村务的联动公开，进一步提高公开的质量和水平。应建立县、乡镇、村三级公开一体化，实行"三级联动、整体推进"的办法，凡涉及农业、农村、农民的县级部门、事业单位、乡镇政府及七站八所一律实行政务公开、事务公示制度；从决策目标、社会管理服务、福利保障、财务管理、考核奖惩五个方面实行"三级联动、同步公开"，统一规范公开的内容、程序、时间、时限要求、范围、档案、名称和标准,使县级政务公开和村务公开在有关联的公开内容项目上衔接起来,方便群众进行对照和实施监督,从而把村务公开、民主管理纳入新农村建设工作全局;形成县级政务公开推动政务公开,政务公开引导村务公开的运行机制,实现公开的整体互动和监督措施的落实,以此推动政务公开与村务公开有机衔接,全面推进乡镇行政管理与村民自治的有效衔接与良性互动。同时,组务公开作为村务公开的进一步细化,各乡镇、村应根据各地实际情况,尝试将村务公开全面延伸到各个村民小组的组务公开,实行"四级联动"公开机制。

三是完善政务、村务公开的组织体系。其一,在县、乡镇两级建立健全"党委统一领导、政府主抓、纪检监察机关监督检查、部门负责落实、公众综合评价"的领导体制和工作机制,把政务公开工作列为年度工作重点,与其他各项工作统一安排、统一落实、统一考核;乡镇应把村务公开纳入本级政务公开的重要范畴,统一指导,乡镇的政务公开协调领导组织同时也应是本乡镇村务公开的组织协调和指导机构。各村在充分发挥农村两个议事会作用的基础上,应普遍成立村民理财小组和村务公开监督小组。其二,应把政务、村务公开一同纳入县级党风廉政建设责任制和各级领导干部目标岗位责任制。以责任制为核心,根据领导分工和部门职责,将政务、村务公开各项工作目标和任务层层分解落实,形成一级抓一级、层层抓落实的责任机制。把深化政务公开和村务公开有机地融入推进农业结构调整、发展农业产业化经营和切实保护耕地、维护农民利益等各项工作之中。

(三)"阳光中的制度":健全政务、村务公开相关制度

推动政务公开与村务公开的有机衔接,要立足于前期的经验和教训总结,推动政策创新和制度化建设,为整个基层政务公开的实现提供制度保障和经验借鉴。构建基层政务"阳光中的制度",实现"微腐败"防范与治理的制度环境的长效发展。

一是以衔接为前提,健全政务、村务公开制度。政务公开与村务

公开制度的健全和完善,应在合理划分乡镇行政权与村民自治权的基础上,以二者有机衔接为前提,进一步健全和完善政务公开和村务公开的相关制度。例如,民主评议制度、公开内容备案制度、定期督察制度等。在对村务公开的制度性执行方面,乡镇政府应做出具体的解释性工作,针对村务公开与政务公开衔接部分的内容做好规划与引导,进而理顺政务公开与村务公开的制度衔接机制,提升两者的运行效率,推动基层工作的有序开展。

在政务公开方面,加强对政务公开具体性、操作性内容的理论研究,进一步明确政务公开主体、客体,规范政务公开的内容和范围,确定政务公开的基本程序,建立和完善政务公开的救济制度;在村务公开方面,鉴于政务公开和村务公开在内容、时效、渠道等方面的差异性,应从各村实际情况和农民群众的意愿出发,以乡镇为单位对村务公开的内容、时间做出统一规定。常规事项至少每季度公开一次,特殊事项应该随时发生随时公开,重大事项要做到事前事后双公开,跨年度事项结束时一次性公开。村务公开在村党支部领导下由村委会组织实施,乡镇党委和政府负责对村务公开工作进行督促检查。

二是以协同为标准,不断完善民主评议制度。乡镇、村均应建立并落实民主评议制度,对政务、村务公开的民主评议时间、评议内容、参加人员、评议程序和方法等进行统一的规范和要求。由政务公开领导统一组织开展对政务公开和村务公开的民主评议工作,邀请村党支部书记、村委会主任参与对政务公开的民主评议工作,并将评议结果作为年终干部实绩考核的重要依据之一,政务公开监督领导小组负责对全镇开展政务公开与村务公开工作情况进行日常监督。

同时,要加强群众对乡镇、村干部的民主监督。由村党支部主持召开村民大会或村民代表会议对村委会成员工作进行评议或测评;民主评议或测评村党支部成员的工作,由乡镇派人主持召开村支部党员大会并邀请部分村民代表参与;评议前,村党支部和村委会成员要做述职报告。评议或测评可结合年终工作总结每年进行一次,在此基础上,由评议者评出称职或不称职,由乡镇党委考核认定。连续两年被评为不称职的村党支部和村委会成员,按程序进行组织调整。

三是以一致为方向,实行公开内容备案制度。一方面,为实现对基层权力运行的即时与切实的监督,必须保证政务公开和村务公开内容的适时与真实,建立政务公开与村务公开内容备案制度,对政务公开的内容包括规范性文件、重大决策及主要事项处理、行政许可、行政处罚、行政事务监督检查及考评奖惩等,以及村务公开的内容包括财政收支、农民承担的各项劳务和费用、宅基地审批等进行备案。其中村务公开内容实行县、乡、村三级备案,政务公开内容实行县、乡两级备案。另一方面,乡镇、村两级每季度向上级有关部门报告一次政务公开和村务公开情况,县、乡镇相关部门按照有关规定分别对政务公开与村务公开内容的备案进行严格审核,使乡政与村务公开无缝衔接,杜绝容易滋生"微腐败"的灰色地带。同时,资料归档备查,对于推行政务、村务公开工作的各项内容、办事指南和制度、群众投诉和群众意见综合、工作整改意见和整改情况、行风测评情况、办事备案资料等,办公室要进行定期收集整理,归档存查,做到乡镇、村档案一致。

五、小结

在当前社会发展进程中,"微腐败"的危害性是巨大的,在乡村振兴战略的实施过程中,农村"微腐败"更是亟须解决的重要问题之一,只有将基层政务运行过程中"微腐败"的防范和治理落到实处,才能实现基层治理体系和基层治理能力的现代化。只有做到阳光晒"微权",才能铸成治"微腐"的利剑。所以说,对于"微腐败"的治理,只有建立在基层政务公开、乡政村务公开联动有效的基础之上,才能形成一种"微腐"治理长效机制。

基层政务公开是当前基层行政体制改革的重要环节,政务公开和村务公开作为基层政务公开的两个重要组成部分,是我国政权建设和民主政治建设中的重要形式,同时也是乡镇政府转变职能,提升基层治理水平、维护村民民主权利的重要手段。同时,在"微腐败"治理方面,基层政务公开的作用是基础性和决定性的,基层政务公开给"微腐败"的滋生打造了一个"无菌环境",同时也使已有"微腐败"迹象的行为无处遁形。新时期反腐斗争以来,中央对政务公开与村务公开高度重视,出台了一系列政务、村务公开政策,推动了政务公开、村务公开的纵深发展。要实现政务公开与村务公开的联动连接、协同并进,就要厘清二者的勾连,实现二者的良性联动效应。这就需要乡镇行政管理权与村民自治权的有效衔接与良性互动,进而实现行政机制与自治机制互动、行政功能与自治功能互补、行政主体与村治主体互动,不断健全和完善政务公开与村务公开的相关制度、程序和办法,建立政务、村务联动公开的格局。

参考文献

1.《既打"老虎"又打"苍蝇"》,中国日报网,2013-03-11,http://www.chinadaily.com.cn/hqgj/jryw/2013-03-11/content_8464463.html。

2.《从群众身边的腐败问题看当前"蝇贪"重灾区》,人民网,2015-12-11,http://politics.people.com.cn/n/2015/1211/c70731-27918332.html。

3.习近平:《在第十八届中央纪律检查委员会第六次全体会议上的讲话》,《人民日报》,2016年5月3日。

4.《十八届中央纪律检查委员会向中国共产党第十九次全国代表大会的工作报告》,新华网,2017-10-29,http://www.xinhuanet.com/politics/2017-10/29/c_1121873020.htm。

5.傅思明:《治理微腐败必须无"微"不"治"》,《人民论坛》,2017年第20期。

6. 李明:《农村基层"微腐败",全面小康"大祸害"》,《人民论坛》,2017年第20期。

7.《永远在路上》:第六集《拍蝇惩贪》,中央纪委监察部网站,http://v.ccdi.gov.cn/2016/10/23/VIDEbpucQUEO6UomyZnTU6HJ161023.shtml。

8.《竹山:通报4起扶贫领域不正之风和腐败问题典型案例》,http://www.hbsyjw.gov.cn/html/jdpg_1542_13439.html。

9.《中央纪委公开曝光六起扶贫领域腐败和作风问题典型案例》,http://politics.people.com.cn/n1/2018/0419/c1001—29937883.html。

10. 周师:《精准扶贫中农村基层干部的"微腐败"及其治理路径》,《理论学刊》,2018年第1期。

11. 孟庆国,李晓方:《全面推进政务公开:内涵诠释、实践特色与发展理路》,《河南师范大学学报(哲学社会科学版)》,2017年第2期,第20页。

12. 张丹丹:《信息化背景下村务公开的现实困境及发展思路》,《人民论坛》,2013年第13期,第156—157页。

13. 周庆智:《关于"村官腐败"的制度分析》,《武汉大学学报(哲学社会科学版)》,2015年第3期。

14. 陈新祥,唐鸣:《村民自治工作理论与实务》,中国社会出版社2014年版,第122页。

15. 卢福营:《农民分化过程中的村治》,南方出版社2000年版,第202页。

16. 杨翠萍,徐增阳:《从公共政策视角看村务公开与民主管理过程中的问题及对策选择》,《新观察》,第32—34页。

17. 杨嵘均:《乡(镇)村关系视阈中"村务公开"的困境及其破解路径》,《中国行政管理》,2007年第5期,第108—109页。

18. 程同顺,赵学强:《村务公开的路径障碍与制度改进——兼评新〈村民委员会组织法〉的修改》,2013年第4期,第53—55页。

19.《"悟习原声",远离"塔西佗陷阱"》,中国青年网,http://pinglun.youth.cn/ll/201606/t20160606_8090701.htm。

20. 李海金,陈荣卓:《我国村务公开的问题剖析与对策探讨》,《理论界》,2005年第3期,第108页。

21. 袁东生:《以制度创新推进政务公开》,《中州学刊》,2010年第6期,第20页。

22. 沈荣法:《全面推行政务公开,强化权力监督制约机制》,《中国行政管理》,2000年第7期,第28—30页。

论检举举报平台及其建设

徐玉生　严旻佳①

摘　要:检举举报具有制约功能、发现功能、保障功能和化解功能。建设覆盖纪检监察系统的检举举报平台,既是十九大提出的任务,也是我国反腐败理论发展应用到实践上的必然要求,是习近平"以人民为中心"思想的体现和要求。完善检举举报平台,实现以"让人民起来监督政府"破解"周期律"的构想,亟待从以下几方面加强检举举报平台的建设:切割"举报"与"告密"的道德评价,健全相关法律法规,使检举举报规范化、有序化,完善工作机制,使检举举报人性化、科学化。

关键词:检举举报;纪检监察体制;检举人告密

在以习近平为核心的党中央坚强领导下,十八大以来各级纪检监察机关严惩腐败,狠抓"四风",持续深化"三转",推进党风廉政建设和反腐败斗争,取得了一个又一个显著成就。五年来的反腐败斗争经验表明,无论是中央巡视、地方巡查还是日常案件受理,检举举报始终是发现腐败线索的重要手段。当前,中国特色社会主义新时代全面深化改革正持续推进,为了巩固和深化反腐败斗争的成果,进

---

① 徐玉生:江南大学马克思主义学院副院长、江苏党风廉政建设创新研究基地责任教授。严旻佳:江南大学马克思主义学院硕士研究生。

一步营造风清气正的政治生态氛围,取得反腐败斗争的压倒性胜利,新形势下的反腐败斗争对加强和改进纪检监察系统的检举举报工作提出了更高的要求,"建设覆盖纪检监察系统的检举举报平台"成了当务之急。

一、检举举报的功能及其边界

检举举报是同义词的叠加,亦即"举报",在现代汉语词典中的解释是"向有关单位检举报告"。依据《人民检察院举报工作规定》:"任何公民、法人和其他组织依法向人民检察院举报职务犯罪行为。"[①]在中国,任何公民、法人和其他组织还可以向纪委、人大等权力机关进行举报,举报的内容除了犯罪行为,也可以是还没有构成犯罪的行为,例如违纪行为、与中央精神相悖的不检点言行、违背公德的行为等。因此,我们可以把举报定义为:举报人自愿向司法机关或其他具有相应职能的权力机关报告、揭发被举报人不当言行的行为。

这里,"举报"的构成有三要素:举报主体,即举报人;举报客体或者说举报对象,即被举报人;举报内容,即"不当言行",这里的"不当"首先是举报人的主观认定,是否确实"不当",需要权力机关和相应职能部门通过合法的程序加以认定。"举报"一定是建立在自愿基础上的,不是被逼迫或诱导的行为,因此要加强检举举报平台的建设,充分发挥举报对预防和惩治腐败的功能,正确把握其边界。作为维护秩序的一种有效路径,"举报"一词多有褒义,其具有制约功能、发现功能、保障功能和化解功能。举报的制约功能是指举报对权力的运行具有制约和监督作用,使掌权者不能肆意使用手中的权力,对腐败具有预防的作用,其边界是不阻碍权力的运行和合理运用;发现功能是指通过举报能够更广泛地发现腐败线索,校正权力运行轨迹的偏

---

① 1996年7月18日最高人民检察院检察委员会第五十八次会议通过,2009年4月8日最高人民检察院第十一届检察委员会第十一次会议修订,2014年7月21日最高人民检察院第十二届检察委员会第二十五次会议第二次修订。

差,其边界是按照规定程序处理,更不能恶语中伤、造谣诽谤;保障功能是指通过举报表达人民群众的迫切需求,保障人民群众的根本利益,其边界是依法办事,坚持原则,人民群众的正当利益必须要加以保护,对一些非正当甚至无理要求更不能纵容;化解功能是指通过举报能够化解社会矛盾和冲突,消除人民群众对党和政府及相关工作人员的误会,其边界在于坚持公平正义,关爱弱势群体。

二、建设覆盖纪检监察系统检举举报平台的必然性探证

随着中国特色社会主义新时代的到来,人民群众的需要向"美好生活"转化,不再仅仅囿于吃穿住行,对物质和精神层面的需求日益迸发,特别是政治参与的积极性不断高涨,"当家做主"的主体意识日益强化。检举举报平台就是广大人民群众有序的政治参与形式和合法的民意表达渠道,通过检举举报平台,广大人民群众不再"围观",而是可以直接或间接地参与到监督中来,实现毛泽东当年"让人民起来监督政府"的设想,从而不断增强人民群众的获得感。因此,深化我国纪检监察体制改革,建设覆盖纪检监察系统的检举举报平台具有理论的应然性和实践的当然性。

1. 建设覆盖纪检监察系统检举举报平台的理论应然性

基于纪检举报的功能,建设覆盖纪检监察系统检举举报平台具有理论的应然性。

首先,它是实现权力监督与制约的重要方式。"没有制约的权力必然会走向腐败",权力制约大致可分为内部权力制约和外部权力制约两种,内部权力制约主要是指权力对权力的制约,如我国的司法监督;外部权力制约则是指权利对权力的制约,主要包括群众监督等形式。马克思和恩格斯都非常注重群众对国家权力运行的监督,在总结巴黎公社运动时,马克思高度赞扬了巴黎公社所采取的清除国家等级制度的做法,认为那些由人民选出来的政府勤务员只有在社会公众的监督下,才没有可能变公仆为主人。在列宁看来,人民群众才

是真正的监督主体,而不是司法机关或检察机关等权力部门,这不仅是由社会主义国家是由人民当家做主的性质决定的,而且还是由人民群众对监督工作的有效性所决定的。毛泽东的群众监督思想与马列主义的民主监督理论一脉相承,即都认为在实现无产阶级专政的条件下,必须保证劳动人民对国家政治权力运行的监督权,只有通过自下而上的人民群众对国家公权力的监督,才能保证实现最广大人民的根本利益。

其次,建设检举举报平台是保障公民行使政治权利的必然要求,是实现群众监督的重要方式和有效途径,也是我国社会主义民主的本质体现。法国著名启蒙思想家卢梭用"社会契约"来形容公民和国家的关系,全体公民是他们所组成的国家的主权者,"而政府就是在臣民与主权者之间建立的一个中间体,以便两者得以相互适合……那完全是一种委托,是一种任用;他们仅仅是主权者的官吏,是以主权者的名义在行使着主权者所托付给他们的权力"。因此,对于公民而言,作为委托—代理关系中的委托人,自然享有对中间体的监督权利。然而不同的权利与公民自身利益的关联性是不同的,一些权利如人身权,与公民的个人利益密切相关;反之,也有一些权利如政治权利,与公民的个人利益并无直接关系,而是与社会公共利益密切相关。对于与个人利益密切相关的权利,纵使国家不依照法律制定相关政策,在自利性的驱使下,公民也会积极主动去行使;而对于与权利人个人利益无直接关系的权利,如果缺乏相应的制度保障和条件支持,就会造成社会集体不约而同的漠视。举报是公民监督权的一个重要组成部分,是公民的一项政治权利,并已得到法律的明确认可,然而举报作为一种与社会公共利益密切相关的权利,其成本和风险使得不少公民更倾向于放弃行使举报权。建设检举举报平台无疑给公民权利行使的一端增加了砝码,通过进一步改善检举举报环境,从制度保护、激励等多方面促进了群众自觉监督国家公共事务。

最后,建设检举举报平台是公私合作治理的表现形式之一。从公共管理学角度看,公私合作或公私协力泛指所有公部门和私部门共同处理事务的情形,公私合作行为可以运用在政府执行行政任务的多个领域中,公私合作"涵盖了国家的任务责任与私人的任务执行之间融合的多种可选方式,创造了给付行政或者服务行政的多种形式,为服务保障行政或者担保给付行政的发展开辟了道路"。在信息化时代,行政机关实际上只是处于规范信息的优势地位,而越来越多的信息掌握在媒体或社会公众手中。因此,传统的以行政执法来获取信息的方式已不能满足现代行政的需要,必须拓宽信息获取来源的渠道。检举举报作为一种公私合作的新型表现方式,既不会损害行政机关的行政权,不需要行政机关亲自出马便可完成信息的收集,也有助于行政机关发动更多的社会力量,为每一位社会公众参与社会事务管理提供了可能的路径,不失为一个双赢的方式。

2. 建设覆盖纪检监察系统检举举报平台的现实当然性

建设检举举报平台是深化我国纪检监察体制改革,提升我国纪检监察工作整体成效的当然要求。纪检监察举报工作所获取的信息,直接反映了人民对党和政府部门公职人员工作和作风的满意程度。通过对检举举报信息的系统梳理和筛查,能够及时反映监督机关公职人员的工作和作风情况,为考核评价纪检监察工作提供主要依据。

首先,建设检举举报平台是提升纪检监察工作整体成效的当然要求。我党历来重视群众举报工作,在各级政府和党政机关设立专门机构——信访部门,受理人民群众举报,倾听人民群众意见,接受人民群众监督。早在中华人民共和国成立初期,毛泽东就指出:必须重视人民的通信,要给人民来信以恰当的处理,满足群众的正当要求。1951年6月,政务院颁布《关于处理人民来信和接见人民工作的决定》,确立了人民纪检监察信访举报工作的指导思想,标志着具有中国特色的信访举报制度正式确立。在改革开放的不同历史时期,国家领导人都高度重视纪检监察信访举报工作,先后做出了一系列重要指示,为纪检监察信访举报工作指明了道路。十八大以来,随着党风廉政建设和反腐败斗争的持续深入,习近平总书记强调,各级党委、政府和领导干部要切实依法及时就地解决群众的合理诉求,注重源头预防,夯实基层基础,加强法治建设,健全化解机制,不断增强工作的前瞻性、系统性、针对性,真正把解决信访问题的过程作为践行党的群众路线、做好群众工作的过程,这些都为建设新时代检举举报平台提供了现实依据。

其次,建设检举举报平台是发现腐败线索,建设廉洁政治的当然要求。建设覆盖纪检监察系统的检举举报平台有助于使纪检监察机关的检举举报工作更加科学化、规范化,能够及时收集和受理检举举报信息,核实和查办相关案件,使得反腐工作更具有目的性和针对性。事实上,纪检监察机关内部也存在着一些顶风违纪违法的问题,纪检监察干部身处反腐倡廉建设的第一线,在腐败与反腐败的激烈斗争中备受关注,习近平总书记强调要严防"灯下黑"。自2014年3月中央纪委纪检监察干部监督室正式成立,到十八届中央纪委七次全会上《中国共产党纪律检查机关监督执纪工作规则(试行)》的审议通过,我党从思想认识和实践措施上回应了"谁来监督纪委"的社会关切。2016年11月,中共中央办公厅印发的《关于在北京市、山西省、浙江省开展国家监察体制改革试点方案》拉开了国家监察体制改革的序幕,至2018年3月第十三届全国人大一次会议表决通过了《中华人民共和国监察法》,规定设立监察委员会,与纪委合署办公,实现对所有行使公共权力的公职人员的监察全覆盖。然而从现有的监督实践来看,绝大部分监督举措还是只属于内部监督,而建立覆盖纪检监察系统的检举举报平台则为此提供了可靠的外部监督,只有将内部监督与外部监督相结合,才能从根本上解决有效监督的问题。

最后,建设检举举报平台是充分利用信息技术反腐败的当然要求。随着我国社会主义市场经济不断取得瞩目成就,在网络飞速发展、移动终端技术快速普及的大环境下,新媒体技术的不断革新也为公民举报提供了多样化的途径和方式。反腐败机关利用新媒体技术搭建"网络举报监督专区",搜集腐败线索并及时给予回应,鼓励更多公民通过新媒体平台揭发腐败行为。根据《监察部2016年度信息公开工作报告》,中央纪委监察部主动适应网络新媒体发展趋势,策划推出了举报曝光专区、"四风"监督哨等栏目,集中通报曝光"四风"问题1892起共计2662人。除官方网络举报平台以外,新媒体技术还为开设个人网站、在网站论坛上发帖以及利用微博、微信、QQ等媒介举报腐败行径、揭露腐败现象提供了物质条件。其中政府部门相继开通的政务微博就成了这种非官方举报的途径,越来越多的政府部门利用微博建立公众监督举报平台,官微之间的联动和协调合作能力也逐渐增强,得到了网友的高度认可。

三、当前检举举报平台建设审视及对策

我国是人民当家做主的社会主义国家,人民群众的监督是社会主义国家的本质体现,也是国家监察制度的基础。2017年4月26日召开的全国纪检监察信访举报工作会议上指出:"党的十八大以来,全国纪检监察机关共收到信访举报1078万件次,其中检举控告666万件次。"可见,人民群众的检举举报在监督职能上起着至关重要的作用,也是纪检监察机关查处要案的重要线索来源。建设覆盖纪检监察系统的检举举报平台,进一步完善我国检举举报工作是符合我国反腐倡廉事业发展的现实需要,是纪检监察体制为适应社会环境变化,与时俱进的重要表现。审视当前我国检举举报平台的建设,仍然存在有待解决的若干难题。

(一)当前纪检举报平台建设存在的问题

1. 社会公众检举举报意识薄弱

发挥广大人民群众检举举报功能既实现了人民当家做主,又加强了党民的密切联系。虽然当前公民的权利意识日益强化,但公众对检举举报的认知还存在着偏差。其中一个很重要的原因是不少群

众对民主监督的重要性认识不清,不会也不敢使用自己所拥有的检举举报权利。一方面,大部分群众依然受到普遍道德观念影响,将"举报"与"告密"混为一谈,认为检举揭发实属"小人"行为,且大多数人都存在着一种"事不关己高高挂起"的思想,只要自己的切身利益不受到损害,就不会主动检举。从纪检监察机关统计的举报问题可以看出,涉及群众自身利益的举报占大多数,而涉及集体和国家利益的举报则相对较少。另一方面,由于宣传力度不够,普通大众对如何走合理合法途径去正确地进行监督和举报知之甚少,这也使得群众检举举报的积极性和效果大打折扣,难以达到揭发腐败的目的,再加上举报人频遭报复的事情不断发生,势必会影响到他们参与监督和检举举报的主动性。

2. 举报立法层级较低且细则内容不明

我国目前已经出台了一系列有关信访举报制度的规范性文件,但大都是地方性法律法规、行政规章意见等,缺乏一部核心基本法,且规范内容并未涉及太多细则,导致实际操作过程中缺乏可操作性。例如,在保护检举人制度方面,纪检监察机关设有相应规定,但这些规定一来没有上升到法律高度,二来对于检举人的身份信息保密、检举保护范围、举报所带来的风险应对等方面没有具体详尽的规定,实践中并未很好地起到保护检举人的作用。这样一来所导致的直接后果就是有一半以上的检举人不同程度地遭受各种不公正待遇,受到打击报复或变相打击报复,这在很大程度上影响了检举举报功能的有效发挥和群众的检举举报热情。

3. 举报信息参差不齐受理工作滞缓

在目前的检举举报中,匿名举报率居高不下。由于是匿名检举举报,举报人在一定程度上对于所举报事项真实性的责任感会降低,检举人所反映事项的真实性和可查性也存在一定水分,更有甚者借匿名举报的形式对他人进行恶意中伤、诬告陷害以达到个人的不法目的。这些都大大加重了纪检监察机关核查举报信息的难度和工作量,无法避免地浪费了国家公共资源。信访举报部门工作人员的人数有限,大量参差不齐的举报信息很大程度上分散了核查部门的精力,致使其对于检举举报信息核查和反馈的效率不高。另一方面,效率的低下会导致一些有价值的举报线索得不到应有的重视,无法真正发挥检举举报工作的实际效用。试想群众以极大的政治热忱,把重要的贪污腐败案件线索举报给有关部门,但总得不到有效的反馈,看不到相关部门的实际行动,群众的举报热情就不会持久,监察机关的形象也会大打折扣。

(二) 检举举报平台建设的对策

1. 切割"举报"与"告密"的道德评价

"不告密、不揭发,与其说是一种可贵品质,不如说是一条道德底线。告密成风的社会,是人人自危的社会,告密使人与人之间失去基本信任,甚至相互侵害,冲击人们的价值判断,毁掉社会的道德基础。"一直以来,社会大众都保持着一个约定俗成的共识,即对告密者、揭发者的鄙视和不耻。这在一定程度上将"检举揭发"推置于道德与法规的两难之地,鼓励大义灭亲互相检举,稍有不慎便会由举报沦为告密,引发全社会道德伦理的崩溃。事实上,"举报"与"告密"虽形式相似,但实质相反,因此必须正确厘清"举报"和"告密"的关系。举报,是正常行使监督权,将坏人坏事揭露出来;告密,则是借助权力侵蚀私人领域,二者之间具有清晰的界线。具体来说,"举报"与"告密"的区别在于:一是举报与告密的目的不同。举报一般是为了捍卫自身及公共的正当利益,而告密则是为满足自己的私利和欲望。二是举报与告密的途径不同。举报是依法向有关部门检举揭发相关人员的违法行为,告密则更偏向于向掌权者告发他人的私下言论或活动以此来获取好处。三是举报与告密的结果不同。举报者行使的是公民对公共领域或公共权力的监督权,维护了自身和社会公共权益,而告密者则是依赖黑暗势力侵蚀公民的私人领域,严重损害了公民的自由权。

建设检举举报平台的前提就是让社会公众厘清"举报"与"告密"的区别所在,鼓励社会公众勇于同腐败现象做斗争,并以此为荣。就目前看来,社会公众对于检举举报的方式、范围、具体流程仍存在诸多疑惑。各级纪检监察机关除了要加大宣传党和国家对于惩治腐败、改进作风的坚定决心和各级纪检监察机关在反腐败工作中的各项成果,也要把《信访条例》等法律法规纳入基层普法计划中,为广大人民群众提供咨询和帮助,通过宣传教育的形式让人们了解纪检监察机关的职能和受理举报范围,明确检举举报的法定程序和合理渠道。对于一些个人利益诉求和矛盾纠纷,要正确引导群众通过行政诉讼、仲裁等法定渠道来解决,使纪检监察机关检举举报工作回归职能本位。

2. 健全相关法律法规使检举举报规范化有序化

(1) 完善检举人保护制度。《中华人民共和国宪法》第四十一条规定:"中华人民共和国公民对于任何国家机关和国家工作人员,有提出批评和建议的权利;对于任何国家机关和国家工作人员的违法失职行为,有向有关国家机关提出申诉、控告或者检举的权利。"可见,对领导干部的检举举报是宪法赋予广大人民群众的一项民主权利。我国纪检、监察部门同样制定了一些关于保护检举人的规定,例如《监察机关举报工作办法》《中纪委、监察部关于保护检举、控告人的规定》等。尽管我国已有许多关于公民检举权的保障制度和规定,但检举人被打击报复的案件依然层出不穷。在一些清廉国家和地区,检举人之所以能没有后顾之忧地进行检举的重要保障就在于检举受理机关高度重视检举人信息的保护工作。目前,我国检举人保护制度仍存在诸如检举保密的程度、方式规定过于笼统,对检举泄密后的补救措施缺乏应急预案,对检举人保护范围比较狭窄等问题。健全的保密制度是保护检举人的第一步,相关制度的设计应尽可能减少接触检举信息的经手人数量,简化检举材料交接流程。与此同时,为了降低检举人作证而暴露身份的危险性,检举人应当享有作证豁免权或出庭作证部分不予以公开,对于可能暴露真实身份的提问,检举人有权拒绝回答。除此之外,还应当从细化检举人保护程序、明确检举人保护机构,扩大检举保护范围,防范检举人举报风险等方面加强立法。

(2) 健全举报激励制度。要更为有效地激励公民行使检举权,应当进一步健全和完善检举举报的激励制度,对于检举举报行为要制定奖励实施细则,明确检举奖励的审批、发放、备案及奖励方式、时间等规定。首先,要明确检举人奖励的条件,碍于保密需要,对检举人的精神奖励往往不能公开,因此要在尽可能的情况下优先考虑物质奖励。对于物质奖励也应该区分等级,根据检举人做出贡献的大小来进行奖励。其次,明确奖金金额设定。《人民检察举报工作规定》第六十七条对奖励金额最高限额做出了规定,而没有设置奖金下限,这就使潜在的检举人无法形成稳定的预期,不利于激励检举行为。应当根据被检举犯罪行为的严重程度设置奖金金额等级,还可以适当扩大奖励的覆盖面以提高公民检举的积极性。再次,要明确奖金来源,建立长效的奖励发放机制。从目前来看,监察机关虽然也规定了奖励措施,但未对奖励金来源做出实质性规定,从而导致实际操作中奖励发放机制不稳定,建议我国可以从被追缴的国家损失中提取部分金额用作检举奖励资金。最后,要明确规定奖励发放的程序和方式。程序设置越明确,方式越明了,越有利于保护检举人获得奖励的权利和提高群众检举积极性。

(3) 引入辩诉交易制度。众所周知,在所有腐败案件中,贿赂犯罪的隐蔽性最强,查处难度最大。行贿者与受贿者一般是在无第三人介入的情况下实施犯罪行为的,行贿和受贿双方易于结成牢固的利益共同体,导致贿赂犯罪难以被群众揭发且举证困难。这时候就必须通过利益集团内部检举举报将涉案人员一网打尽。作为知悉案件相关情况且直接或间接参与犯罪的涉案当事人,污点证人证言为检举举报他人犯罪提供了原始证据和直接线索。"法律应尽量少地促进犯罪同伙之间可能的团结",引入辩诉交易制度就有助于打破行受贿双方的信任关系,鼓励一方与司法机关合作,发挥分化瓦解行受贿方之间利益共同体的作用。辩诉交易制度尽管在我国目前的相关法律中还没有正式规定下来,但在司法实践中已被侦查机关广泛应用。在《刑法》和《最高人民法院最高人民检察院关于办理行贿刑事案件具体应用法律若干问题的解释》中都规定了行贿人或者介绍贿赂人在被检察机关刑事立案前因主动交代行贿行为或者介绍贿赂行为而破获相关受贿案件的,可以减轻或者免除处罚。在我国贿赂犯罪案件侦查中,主要依据上述规定处理行贿人或者介绍贿赂人。但是这些规定对行贿人、介绍贿赂人的从宽处理只有到法庭审判阶段才有实现的可能,在调查阶段还不能充分鼓励贿赂犯罪案件涉案者放弃顾虑,充当污点证人检举举报其他涉案人员,因此我国有必要以这些规定作为立法基础建立起科学严谨的辩诉交易制度。

3. 完善工作机制使检举举报人性化科学化

(1) 建立健全各项工作机制。检举举报工作得以顺利开展与各级纪检监察系统的工作机制密不可分。首先,要积极开展举报审查工作。举报的审查是反腐败斗争中的第一道工序,是侦查工作的前提和基础。只有审查工作搞好了才能为接下来的案件侦查提供源源不断的线索,这就要求举报受理部门要坚持一个窗口对外原则,除个别特殊情况外,要统一接待,及时做好信息的登记和分流工作;加快举报线索的消化进度、减少举报线索挤压,保证移送的举报线索质量,促进立案侦查工作的顺利开展。其次,要明确领导干部职责,落实责任部署,进一步完善各级领导是检举举报工作的第一责任人制度。作为检举举报工作的第一知情人和重要协调者,各级领导要确保重要的检举举报信息亲自关注、亲自过问、亲自解决。因玩忽职守所造成的群体性失职事件,应对主要领导实施问责,真正做到责任到人,避免责任虚化。最后,加强机关内部自上而下的考评考核工作,建立科学合理的考评体系,根据纪检监察举报实际工作设立考核项目,对业绩突出的工作人员予以表彰和奖励。

(2) 协调整合各部门资源力量。受理检举举报工作是一项复杂的系统工程,往往涉及多个方面,仅靠纪检监察一家的力量是有限的,需要组织、人事、政法委等单位的积极支持和基层组织的密切配合。因此,我们要充分整合资源形成合力,对一些重大的涉及多部门的检举举报问题,要求各单位共同处理解决。一方面要加强纵向联系。在积极争取上级的支持和指导的同时,加强对基层纪委的业务指导,充分发挥基层纪委的职能作用,提高基层处理问题的综合能力,形成上下互动的良好格局。另一方面要加强横向合作。由纪检监察机关牵头,进一步发挥机关各部门的专业优势,做到信息共享,优势互补,形成左右联动的工作机制。

(3) 提高纪检监察队伍整体素质。纪检监察工作是一项政治性、业务性很强的工作,尤其是受理检举举报的有关部门机构,它承担着接待受理、分流审批、备案调查、保密反馈等专业性很强的业务工作,可以说纪检监察干部的自身形象直接影响到纪检监察部门的威信,要正确处理好各类纷繁复杂的检举举报信息,做到高效高质量办公更绝非易事。随着群众文化素质的提高和民主意识、维权意识的增强,纪检监察机关工作人员要进一步加强作风修养,始终保持清正廉洁、秉公执纪的优良作风,正确履行职能,做到善待群众,依法行政,秉公执法,增强群众的信赖。与此同时,根据工作需要必须不断学习和掌握经济、政治、法律、管理等方面的知识,切实提高纪检监察队伍的办公能力。纪检监察工作有时候难免会得罪人,这就需要纪检监察机关工作人员在与不良风气、错误思想和腐败行为做斗争的时候,不畏惧、不妥协、不退缩,敢于与恶势力"叫板",一查到底,绝不姑息。只有实事求是、客观公正地秉公执纪,才会赢得群众对纪检监察工作的尊重、信任和理解,人民的检举举报积极性也才能得到更大的提高。

参考文献

1. 《马克思恩格斯选集(第三卷)》,人民出版社1995年版,第96页。

2. 卢梭:《社会契约论》,商务印书馆1997年版,第23—77页。

3. 汉斯·J.沃尔夫:《行政法:第三卷》,商务印书馆2007年版,第371—453页。

4. 刘成友:《不告密不揭发是道德底线》,《人民日报》,2015年1月23日。

基层反腐除恶 助力国家治理
——从国家治理角度抓好基层反腐除恶的理解与思考

徐喜林[①]

2013年11月,党的十八届三中全会通过的《中共中央关于全面深化改革若干重大问题的决定》提出:"全面深化改革的总目标是完善和发展中国特色社会主义制度,推进国家治理体系和治理能力现代化。"2018年1月,十九届中央纪委提出"坚决整治群众身边腐败问题",并将此作为2018年反腐败的重点工作之一。同时,中共中央、国务院发出《关于开展扫黑除恶专项斗争的通知》,将扫黑除恶作为基层反腐败斗争的重要突破口,雷霆万钧,果断出击。国家治理、基层反腐、扫黑除恶,三个看似互不关联的概念却有着相辅相成的多重联系。全面把握以上概念并积极开展基层反腐除恶工作,对于夺取反腐败压倒性胜利,实现国家治理体系与治理能力现代化都具有重要的理论意义与实践价值。

一、明确定位,基层反腐除恶是国家治理的基石

实现国家治理体系与治理能力现代化这一目标,离不开反腐,而基层反腐除恶则是其不可或缺的基石。

(一)基层反腐除恶是国家治理体系的"壮骨剂"

习近平指出:"国家治理体系是在党领导下管理国家的制度体系,包括经济、政治、文化、社会、生态文明和党的建设等各领域体制

---

① 徐喜林:河南省廉政理论研究中心主任,河南省社会科学院原纪委书记、研究员。

机制、法律法规安排,也就是一整套紧密相连、相互协调的国家制度。"在以上六个领域的国家制度中,都必须以反腐倡廉做支撑。经济制度体系中,反腐败起着保障经济发展方向与质量的作用;政治制度体系中,反腐败是关系党和国家生死存亡的大问题;文化领域,廉洁文化对人起着潜移默化的教化作用;社会领域,反腐败是社会风气的净化剂;生态文明制度体系中,反腐败保障生态治理的效果与质量;党的建设制度体系中,无论是《党章》《党内监督条例》等党内法规,还是党的日常工作文件,都离不开反腐败的内容。在党的历次代表大会和中央纪委全会上,都将反腐败作为重要内容。如果没有反腐败的政治保障,以上六个领域的国家制度体系就会偏离正确方向,即使再好的制度也难以发挥应有的效能。上述治理中,都与基层密不可分,都需要把基层反腐除恶作为不可或缺的基石。

(二)基层反腐除恶是国家治理能力的"加速器"

习近平指出:"国家治理能力则是运用国家制度管理社会各方面事务的能力,包括改革发展稳定、内政外交国防、治党治国治军等各个方面。"改革开放40年的实践证明,改革发展中必然会涉及利益的分配与调整,给腐败可乘之机,如果没有强有力的反腐败做保障,改革开放必然会变质走偏,更没有今天改革开放的大好局面。在治党治国治军中,如果没有反腐败做保障,就会使党变质,军队变质,国家走向衰亡。而改革开放的成功推进,没有反腐败支撑就会走向西方所期盼的"颜色革命",治党治国治军的能力首先是抵御腐败的能力。如果在治党治国治军中,私欲横溢,贪得无厌,就根本谈不上治理能力。心底无私天地宽,无欲则刚。因此,反腐败是国家治理能力的"加速器"。基层的反腐除恶是反腐败的社会基础,只有真正抓好基层反腐除恶,才能实现基层治理的提速增效,才能为国家治理提供正能量。

(三)基层反腐除恶是实现国家治理现代化的"标志牌"

国家治理体系和治理能力的现代化,就是在治理体系与治理能力相辅相成的基础上,使国家治理体系制度化、科学化、规范化、程序化。而腐败是一个与人类社会永远相伴的历史现象,反腐败是推动人类历史进步发展的动力之一。在国家治理体系和治理能力现代化的进程中,腐败与反腐败是一种无法避开的社会现象。实现国家治理体系与治理能力现代化,包括国家腐败治理的现代化,必不可少的是反腐败压倒性态势的形成与持续巩固发展。如果腐败横行,国家治理体系与治理能力的现代化就无从谈起。同理,国家治理离不开基层治理,基层反腐除恶是基层治理的重要方面。法治思维要求反腐败实现国家立法,不仅要人治反腐败,还要法治反腐败。总之,反腐败是存在于一切领域所有进程中的必修课,如同阳光和空气一样贯穿于国家治理的全领域和全过程。过不了反腐败这一关,国家治理体系与治理能力现代化就只能是画饼充饥、自欺欺人。如前所述,国家治理离不开基层这块基石,国家治理现代化同样有赖于基层反腐除恶这一必要条件。基层反腐除恶成功了,才说明国家治理体系与治理能力现代化是成功的,这一标志必不可少。

二、明辨症结,把握基层反腐除恶的重点环节

从国家治理的视角把握基层反腐除恶,必须找准基层腐败与黑恶的主要表现与症结,以便有的放矢,事半功倍。

(一)基层概念的准确把握

党的十九大报告提出"把企业、农村、机关、学校、科研院所、街道社区、社会组织等基层党组织建设成为宣传党的主张、贯彻党的决定、领导基层治理、团结动员群众、推动改革发展的坚强战斗堡垒"。可见,我国所讲的基层是企业、农村、机关、学校、科研院所、街道社区、社会组织等最基础的组织,是各种组织中最低的一层。主要鉴别标志:一是从与群众的联系和党组织的建立来看,它跟群众的联系最直接;从权力结构来看,一般是指国家权力结构的末梢;从党组织的建立来看,是建立党支部和党总支的单位。我们讲的基层大多指农村基层,主要是指乡镇(街道)、村的党委、政府部门和城乡村社组织机构。基层腐败主要是指乡(镇)、街办与村(居)组织及其成员以权

谋私的贪腐行为。基层腐败与微腐败是两个既有联系又有区别的概念。从发生的领域看,大部分都在乡村街道,其危害是直接侵害群众切身利益,直接损害党的基层建设。二者在多数情况下是重合的,不同点在于前者是从腐败发生的地域层级来讲的,后者是从腐败的大小性质来讲的。

(二)基层腐恶的主要表现

基层腐恶表现形式多种多样,手法各不相同,危害程度也因地而异,按照性质特点可划分为如下类别。

1. 以权谋私的典型腐败

一些乡村基层干部,采用职务侵占、伪造骗取、吃拿卡要、贪污挪用、虚报冒领、截留挪用、优亲厚友等手法直接实施腐败,其腐败节点,在民生资金、"三资"管理、征地拆迁、教育医疗等领域尤为突出。在方法上,随着国家对基层建设不断加大投入,一些基层的贪腐分子借机巧立名目,截留和骗取低保户的"养命钱"、农业保险的"救灾钱"、社会抚养的"孩子钱"、已故五保老人的"死人钱"、农民耕地补偿的"土地钱",克扣贫困家庭的"扶贫款"。其中,有的假借跑项目大吃大喝,虚报开支,巧立名目,公款行贿;有的利用集体资产出租、出售和工程发包过程中暗箱操作,收受回扣;有的违反财务规定,公款私存或转借他人获取利息,或为亲友提供经济担保;有的在旧城改造、"城中村"改造、城乡结合部改造和新农村建设中,盲目圈地占地,大肆出卖村民集体土地。从近年查处的"村官"腐败案件来看,村干部腐败人员中80%以上为村支部书记或村委会主任。

2. 为所欲为的权力任性

一些村干部把自己当成"土皇帝",把人民赋予的权力当成自己的私有财产,为所欲为。据媒体报道,河北省定州市大辛庄镇泉邱二村原村主任孟玲芬,在泉邱二村任职期间,村民生孩子要罚款、家中死人要罚款、结婚要罚款、盖房也要罚款,乱罚款成为其"管理"村务的"绝招"。村民不交罚款,孟玲芬轻则在大喇叭里恶语谩骂、断水断电,重则指使人员棍棒相加,被称为"最牛村主任"。有一些村干部,利用手里的权力霸占山林湖泊,违规建造豪华墓地。河南省舞阳县澧河村原党支部书记张建国,在未取得河道采沙许可证的情况下,私自在澧河河道内非法采沙,其所采沙价值达180余万元。上级调查组掌握了张建国的违纪违法事实后,找他谈话。张建国张狂地说:"别看你们现在调查我,我现在回俺村,村里的人还得喊我'万岁'。"中央纪委国家监委网站发布的数据显示,十八大以来的5年间,全国纪检监察机关共处分村党支部书记、村委会主任27.8万人。

3. 权恶勾结的黑恶肆虐

一些"蝇贪"与黑恶权力勾结起来危害百姓,基层党员干部放纵包庇黑恶势力甚至充当"保护伞"。尤其在一些经济活跃的"城中村"、城乡结合部地区,个别村干部目无法纪,他们操纵选举、笼络打手、强行敛财,摇身成为百姓深恶痛绝的"黑老大"。他们靠拳头和恶名,采取非法手段操纵选举、侵吞集体财物、侵害群众利益,将村委班子变成了自己的天下。据《南方周末》抽样统计,在农村涉黑案件中,约有三成村干部参与涉黑。涉黑村干部中,22.5%的村干部是黑社会性质组织头目包装而成的;67.5%的村干部上任后,为了控制乡村摇身一变成了黑社会性质组织的头目;还有一些黑社会性质组织替村干部打击政治对手,干预农村村干部的选举。一些地方在基层治理工作中对群众的关怀不到位,导致村一级甚至乡镇一级的权力与黑恶势力勾结、权力与金钱勾结。这不仅会滋生腐败,更会使有些村干部"黑恶化"。当地群众敢怒不敢言,群众不是怕这些有问题的村干部,而是畏惧这些村干部身后的黑恶势力。河南省洛宁县兴华镇董寺村,以村支书兼任村委会主任狄治民为首的黑恶势力"十八兄弟会",盘踞村支书和村委主任职位12年,作恶多端,从中暴露出一些乡村严重的干部失职、制度失灵、法律失效问题,成为基层黑恶势力横行的一个标本。

4. 飞扬跋扈的衙门派头

一些基层执法、监管、公共服务等窗口单位和行业工作人员,利用手中的执法权、司法权、审批权、市场监管权或所掌握的特殊资源,在群众前来办事时或刁难或搪塞或推诿或拖延。一些基层部门的工作人员如果没有获得"好处",就出现"门难进、脸难看、话难听、事难办"的情况。基层干部和公职人员利用其拥有"最后一公里"的权力,变成群众身边的腐败"苍蝇"。

5. 阳奉阴违的贪赃枉法

有的乡村和街道执法人员,对违法违规事项,只要得到了当事人的好处,就当面执法背后放纵。例如,笔者所在的一个小区,出现了违章建筑,群众举报到街道执法部门,但因其执法部门得到了好处,他们虽当面下了一个违章建筑拆除通知,背后却给当事人说:"我们该执法就去执法,你们背后该建还建。"这种当面是人背后是鬼的两面做法在基层腐败中比比皆是,成了群众最痛恨而又无可奈何的死结。

6. 沆瀣一气的"独立王国"

有的街道干部与村干部无视党纪国法,勾结基层执法部门,形成利益共同体,称兄道弟,吃喝玩乐,构建自己的"独立王国",成了基层反腐的死角与法外之地。此类腐败在城乡结合部尤为突出。

上述的基层腐败现象,从表现上看无足轻重,甚至是风平浪静,深入调研便会触目惊心,难以容忍。

(三)基层腐恶的主要危害

基层腐败的贪污数额与省部级高官比,虽然数额不够大,但由于直接与广大群众密切相关,其影响更广,危害更大。

1. 直接损害群众利益

发生在群众身边的腐败问题,虽然腐败程度较小,但会直接损坏群众的切实利益,影响恶劣。其中,低保户(指共同生活的家庭成员年人均纯收入低于户籍所在地农村最低生活保障标准的持有本地居民常住户口的农村居民)本应当得到的低保补助,如果被基层干部违规挪用给了自己的亲友,就会使应得低保的一家人难以生存;如果危房改造款项被基层干部贪腐侵占,就会造成群众的住房危险;如果贫困家庭的"扶贫款"被克扣,这些家庭就难以脱贫。如果这些"蝇贪"

得不到有效治理,就会"纵蝇成虎",酿成更大的腐败。在长期的"小贪"中,不少贪官慢慢就不满足"索要几只鸡"这样的点滴腐败了,乃至"苍蝇"有了"老虎"的胃口,从而出现了"小官大贪"的现象,致使更多的老百姓遭殃受害。

2. 动摇党的执政根基

广大群众生活在社会最底层,他们对省部级大贪官没有感觉,认为与自己关系不大,而乡村街道的干部就是他们见到的共产党的官,这些基层干部的作风问题和贪腐问题对于群众来说就是切肤之痛。这些人的一句话,盖的一个公章,就是老百姓无法逾越的大山。基层干部就是党的形象、党的化身,其贪腐与作风问题会直接给党抹黑。此类问题积少成多,加剧恶化了党群、干群矛盾,进而侵蚀党的基层执政根基。

3. 败坏政治生态与社会生态

基层腐败如果不能及时有效治理,势必造成"苍蝇扑面",是非颠倒,甚至无法无天。进而造成党的路线方针政策被棚架被扭曲,造成好干部无法做好事,黑恶势力横行霸道,政治生态和社会生态严重恶化的局面。

4. 破坏基层和国家治理

基层是国家基础中的沙石,是各项法规制度落实的晴雨表,是实现中华民族伟大复兴的承载体。基层腐败必然直接破坏基层治理,从而架空国家治理这个大厦。

(四)基层腐败的主要原因

基层腐败同权力腐败一样是一个长期存在的问题,是由多方面的原因造成的。

1. 基层干部思想教育薄弱

上级的好经到了基层就走了样,反腐倡廉的教育、党和国家法规制度的宣传到了基层就成了儿戏,什么"三会一课"制度、什么法规宣传教育都成了摆设。一些基层干部缺乏党性观念,淡漠法规意识,哥们义气、利益交换不仅成了潜规则,还成了通行的信条。有的奉行个人主义和拜金主义，贪图吃喝玩乐、钱财，不给好处不办事，给了好处乱办事。有的法纪意识淡薄，认为吃点贪点算不了什么，没有将其行为与违法违纪联系在一起。这种基层教育缺失的现象，是造成基层腐恶的思想原因。

2. 基层制度笼子不细不密

基层制度没有形成强有力的约束，没有达到震慑腐败的水平。财务管理漏洞大，村务公开不规范、不彻底、不透明，不少地方甚至存在假公开的现象；没有建立健全一套科学的财务收支审批和监督制度，财务收支由村支书或主任一人独揽，特别是实行"一肩挑"的村，权力高度集中，收支随便，财务管理出现"真空"，再加上相关职能部门监督不到位，更加纵容了基层干部的贪污腐败行为。

3. 基层惩处腐败力度不够

执法不严，违纪违法成本过低。有的基层干部把大量精力放在编织关系网上，认为只要上头有人护着，平时吃点贪点出不了什么大事。有些部门或领导在执法过程中，没有真正站到党和人民的一边，没有狠刹各种不正之风，而是对违法乱纪者包庇迁就、惩处不严，致使国家集体资产流失，干群关系恶化。

4. 村民自治的制度性缺陷

村民自治是一个容易滋生腐败的环节。在个别地方，黑恶势力和家族势力相互勾结，操控村主任等村干部的选举。在村民自治过程中，尤其是在村主任选举过程中，有些表面公平的选举最后演变成一种形式，被黑恶势力操控。选出来的村主任，不是站在最广大人民利益的角度，而是代表少数人的利益，为这些少数人谋私利。这说明基层治理模式在实践过程中还存在一些漏洞，没有建立起一个有效的运行机制，以至于给基层腐败留出了活动空间。

5. 群众监督严重缺失

有组织的大小衙门与无组织、无权力、无依靠的分散群众，权力制约关系的严重失衡，造成办事群众不敢得罪一个办事员。有些部门和工作人员，只对上负责，不对群众负责，一个平民百姓，要想举报成功,难于上青天。群众生活中的"小事"缺乏公正,群众就无赖化,同情和效仿钉子户,从而让政府疲于维稳,迫使其也无赖化。

三、精准施策,夺取基层反腐除恶的胜利

十九届中央纪委二次全会要求,坚决整治群众身边腐败问题。围绕打赢脱贫攻坚战,开展扶贫领域腐败和作风问题专项治理。把惩治基层腐败同扫黑除恶结合起来,坚决查处涉黑"保护伞"。紧盯群众反映的突出问题,加大集中整治和督查督办力度,把全面从严治党覆盖到"最后一公里"。赵乐际在十九届中央纪委二次全会上的报告中提出"推动监察工作向基层延伸,使群众身边的公职人员受到严密监督。把党内监督同国家机关监督、民主监督、司法监督、群众监督、舆论监督贯通起来,增强监督合力"。中共中央、国务院《关于实施乡村振兴战略的意见》强调:"推行村级小微权力清单制度,加大基层小微权力腐败惩处力度。严厉整治惠农补贴、集体资产管理、土地征收等领域侵害农民利益的不正之风和腐败问题。""开展扶贫领域腐败和作风问题专项治理,切实加强扶贫资金管理,对挪用和贪污扶贫款项的行为严惩不贷。"这些上级的方针政策与安排部署为基层反腐除恶指明了方向,提出了要求。因此,建议在基层反腐除恶中要以此为指导,因地制宜突出重点,卓有成效地从以下方面开展工作。

(一)把对权力运行的有效监督制约当成重要法宝

权力不论大小,只要不受制约和监督,都可能被滥用。一是要完善相关体制机制。针对基层腐败的特点,完善党风廉政建设责任制、重大事项报告制度、民主生活会制度、村务公开制度、岗位廉政风险防控制度、述职述廉、行风评议、基层"三资"管理等一系列工作机制,用制度管人、管钱、管事。二要充分发挥村务监督委员会的作用。村务监督委员会是村民对村务进行民主监督的机构。建立健全村务监督委员会,对从源头上遏制村民身边的不正之风和腐败问题、促进农村和谐稳定具有重要作用。要通过建立健全村务监督委员会,进一步加强和规范村务监督工作,切实保障村民群众合法权益和村集体

利益,促进农村和谐稳定,夯实党在基层的执政根基。三要切实让人民群众监督政府,形成群众想监督能监督会监督的局面。要设立并畅通群众举报机制,畅通信访渠道,公开接访部门、接访场所、接访人员、接访电话,对群众反映的信访问题要认真调查,及时处理,并将处理情况反馈给信访人,真正把群众的举报意见条条落实。要开展群众评议活动,让群众成为上帝,让群众能发言,敢于发言,群众的呼声得到保障。

(二)把经常性的教育当成常修课

要加强教育引导,筑牢"不想腐"的思想防线。要深入开展分层分岗教育,开展党性、党风和党纪教育,把基层政府、执法管理部门工作人员和村两委班子成员作为重点教育对象,帮助不同层面的基层干部增强廉洁自律意识,筑牢"不想腐"的思想防线。

(三)把高压惩处当成硬要求

要尽快开展对基层巡察,尤其要加强对群众反映强烈和线索较多的乡村进行专项巡察,利用巡察及时发现问题和解决问题。力争减少和杜绝类似河南省洛宁县兴华镇董寺村以村支书兼任村委会主任狄治民为首的黑恶势力"十八兄弟会",盘踞村级权力12年的重大问题,切实解决基层干部失职、政策失灵、法律失效的"三失"问题。要加大案件查处惩治力度。要坚持查办案件无禁区、全覆盖、零容忍的原则,对涉及群众利益的腐败行为,发现一起查处一起,决不姑息迁就,并及时通报查处结果,形成强大的威慑力,让基层干部勤政廉洁蔚然成风。

(四)以专项治理为支撑建立反腐除恶的长效机制

开展扫黑除恶专项斗争,是以习近平同志为核心的党中央做出的重大决策,事关社会大局稳定和国家长治久安;事关人心向背和基层政权巩固;事关进行伟大斗争,建设伟大工程,推进伟大事业,实现伟大梦想。各地区各部门要进一步提高政治站位,切实增强"四个意识",充分认识开展扫黑除恶专项斗争的重大意义,切实把思想和行动统一到党中央部署上来,科学谋划、精心组织、周密实施,坚决打赢扫黑除恶专项斗争这场攻坚仗。要明确这次扫黑除恶专项斗争的总体要求和目标任务。要全面贯彻党的十九大精神,以习近平新时代中国特色社会主义思想为指导,牢固树立以人民为中心的发展思想。针对当前涉黑涉恶问题新动向,切实把专项治理和系统治理、综合治理、依法治理、源头治理结合起来;把打击黑恶势力犯罪和反腐败、基层"拍蝇"结合起来;把扫黑除恶和加强基层组织建设结合起来;既有力打击震慑黑恶势力犯罪,形成压倒性态势,又有效铲除黑恶势力滋生土壤,形成长效机制,不断增强人民获得感、幸福感和安全感,维护社会和谐稳定,巩固党的执政基础,为决胜全面建成小康社会、夺取新时代中国特色社会主义伟大胜利、实现中华民族伟大复兴的中国梦创造安全稳定的社会环境。各级纪委监委要贯彻中央纪委印发《关于在扫黑除恶专项斗争中强化监督执纪问责的意见》要求,立足职责定位,坚持把扫黑除恶同反腐败斗争和基层"拍蝇"结合起来,把整治群众身边腐败问题作为一个重点,强化监督、铁面执纪、严肃问责,坚决冲破"关系网",打掉"保护伞"。纪检监察机关要将治理党员干部涉黑涉恶问题纳入执纪监督和巡视巡察工作内容。通过以上努力,在做好专项斗争的同时建立基层扫黑除恶的长效机制,使三年的专项治理成为长期的机制制度治理。

(五)把基层治理放在国家治理的重要位置

不能孤立地看待基层反腐除恶,而要将其放在国家治理的大背景下去审视,去思考,去运作。截止到 2017 年 10 月 2 日,全国共有乡级行政区 39862 个,村级行政区 662479 个。这是国家治理的基础,也是国家治理的薄弱环节,更是国家治理中易被忽略的角落。我们要从国家长治久安和实现中国梦的高度去把握基层治理,使每个乡村(街道)都能风清气正。

提高村级治理能力
必须加强农村党支部书记队伍建设

郭献功①

2018年1月2日公布的《中共中央国务院关于实施乡村振兴战略的意见》指出:"乡村振兴,治理有效是基础。必须把夯实基层基础作为固本之策,建立健全党委领导、政府负责、社会协同、公众参与、法治保障的现代乡村社会治理体制,坚持自治、法治、德治相结合,确保乡村社会充满活力、和谐有序。"

农村党支部书记是农村改革发展稳定的带头人,是振兴乡村的"领头雁"。建设一支懂农业、爱农村、爱农民的农村党支部书记队伍,是新时代巩固党在农村执政基础的一项重要战略任务,是实施和推进乡村振兴战略、全面建成小康社会的关键举措。因此,我们要按照党的十九大报告提出的要求,加强基层党组织带头人队伍建设。

一、加强农村党支部书记队伍建设势在必行

1. 加强农村党支部书记队伍建设是提高村级治理能力的关键

(1)加强农村党支部书记队伍建设是农村基层党组织建设的关键。党的农村基层组织是党在农村全部工作和战斗力的基础,是团结带领农民群众全面建成小康社会和推进乡村振兴战略的战斗堡垒。农村党支部书记是农村党的基层组织的主要负责人,其个人素

---

① 郭献功:中共河南省委党校党建教研部主任、教授。

质和能力对党组织和党员队伍建设至关重要。可以说,一个地方农村党支部书记队伍的整体素质如何,不仅直接影响到农村的社会经济发展,而且影响到党在农村的执政基础和执政地位。

(2) 加强农村党支部书记队伍建设是实施乡村振兴战略的关键。按照产业兴旺、生态宜居、乡风文明、治理有效、生活富裕的总要求,谋划发展,推进和谐,是农村党支部工作的主题和灵魂。农村党支部书记是否具备以身作则、率先垂范、引导和帮助群众脱贫致富的能力,是否具备带领农民群众进行产业结构调整,实现农业增效、农民增收的能力,是衡量其合格与否的重要标准。

(3) 加强农村党支部书记队伍建设是推进农村治理有效的关键。乡村振兴,治理有效是基础。加强农村基层党组织建设、深化村民自治实践、建设法治乡村、提升乡村德治水平、建设平安乡村,宣传党的主张、贯彻党的决定、领导基层治理、团结动员群众、推动改革发展,这是农村党支部书记的重要职责。当前,农村情况比较复杂,家族、宗族势力影响着农村和谐。一个村如果村风正、民风纯,干群关系融洽,社会稳定就容易实现;反之,就容易产生不稳定因素,影响乡村振兴战略的实施,农村党支部书记在这方面起着举足轻重的作用。

2. 农村党支部书记队伍建设成效显著

2018年上半年,河南省普遍进行了农村"三委"(党支部委员会、村民委员会、监督委员会)换届选举。近一段时期,笔者参与了许多"三委"干部培训,对河南省部分农村党支部书记队伍建设情况进行了实地调查和问卷调查。调查表明,大部分农村党支部书记素质较高、凝聚力较强,事业心、责任感和驾驭市场经济能力较强,群众满意率较高。

(1) 规范了选拔程序,优化了支部书记队伍结构。一是严格了标准。对村党支部书记选拔任用的基本原则、任职标准和基本条件提出了明确要求,把一大批政治素质高,开拓创新意识强,有经济发展头脑,文化程度较高,带动致富和服务能力较强的人选进了农村党支部书记队伍。二是拓宽了渠道。把本村村干部、复员转业军人、大中专毕业生、务工回乡人员、致富能人纳入村干部队伍后备人选,从中推选在发展经济、带民致富上有一定基础和能力的优秀人才担任农村党支部书记。三是规范了程序。按照《中国共产党党章》《中国共产党基层组织选举工作暂行条例》规定的程序、步骤和方式,坚持党的领导,严格把关、严守程序、严肃纪律,通过群众代表、党员、村党支部委员会推荐,乡党委考核把关等办法,选举产生了新一届农村党支部书记队伍。

(2) 加强了教育培训,提高了能力素质。将农村党支部书记培训纳入干部教育培训总体规划,每年以县、乡两级党校为主体,分层次、按类别、有计划地对农村支部书记加强政治理论、经济管理、农业实用技术、政策法规等方面知识的培训。省委组织部每年直接培训农村党支部书记500人以上。许多县市区、乡镇街道正在大规模培训"三委"干部,尤其是农村支部书记。

(3) 严格了管理监督,增强了责任意识。一是实行述职评议制。年终考核时,农村党支部书记把自己一年来的履职、目标任务的完成和廉洁自律等方面的情况分别向支部大会和村民大会述职,接受党员和群众评议、质询和监督。二是实行诫勉制。对政治素质较差、政策观念不强、不能按时完成上级党委和政府下达的工作任务、民主评议不称职票超过30%的农村党支部书记,实行3至6个月的诫勉。完善落实农村党支部书记选举办法及岗位职责、村级财务清理、村财乡管、村务党务公开等制度,扩大基层民主,切实加强对农村党支部书记的监督管理。

(4) 完善了保障机制,调动了积极因素。一是建立工资增长机制。加大财政转移支付力度,对村干部的报酬每年进行递增。二是建立退职生活补贴机制。根据任职类别和任职年限,同时,根据本县经济发展水平、农民收入状况和物价上涨因素,将退职农村党支部书记的生活补贴逐年提高。三是建立村级办公经费保障机制。此举为农村党支部书记和其他村干部开展工作提供了有力的经费保障。四是建立政治激励机制。每年"七一"表彰大会都要隆重表彰一批优秀农村党支部书记。将实绩突出、议政能力强的农村党支部书记推荐为各级党代表、人大代表、政协委员人选。从优秀农村党支部书记或村委会主任中招录乡镇公务员。五是建立生活关怀机制。对生活有困难的、在书记岗位任职时间较长的、正常卸任的农村党支部书记,帮助他们解决生产生活中的困难。

二、农村党支部书记队伍建设中存在的问题及成因

1. 农村党支部书记队伍建设中存在的主要问题

(1) 整体年龄偏大。目前,河南省农村党支部书记队伍年龄总体上偏大。对河南省20个村的调查显示,党支部书记人均49.5岁,村主任人均42.7岁。村支书35岁以下的占12.2%,40岁以下的占23.8%,51岁以上的占15.3%,56岁以上的占9.8%。年龄偏大者缺乏敢闯、敢干的竞争意识,工作谨小慎微、安于现状,守摊子的多、创新业的少。

(2) 文化水平偏低。农村党支部书记的文化水平整体明显偏低。对某市10个乡镇20个村的调查显示,党支部书记中,初中以下文化程度的占51%,高中文化程度的占45%,中专以上文化程度的仅占4%。文化程度整体偏低,致使其在发展、稳定、致富等方面能力偏弱,出现"老办法不管用,软办法不顶用,硬办法不敢用,新办法不会用"的尴尬境地。

(3) 政治素质不够高。目前,河南省农村支部书记队伍的思想政治素质总体上是好的,但也有不适应建设社会主义新农村要求的地方:一是学习不主动;二是政策水平偏低,执行中随意性强;三是从政治上思考农村、农民、农业问题的能力弱;四是不能正确处理各种利益关系;五是法制观念淡薄,民主意识不强。

(4) 工作能力不够强。一是有些党支部书记不会做新时期的思

想政治工作,在群众中缺乏凝聚力和向心力;二是部分党支部书记自身思想观念、工作方法落后,难以做出创造性的工作来服务群众;三是少数党支部书记存在"好事抢着干、难事推着干、缠手事躲着干、得罪人的事顶着不干"的思想;四是有些党支部书记满足于"小富即安、小成则满"的现状。

(5) 少数农村党支部书记不廉洁。近年来,在一些村级集体经济发展较好的地方或城乡结合部,村干部腐败问题越来越突出。2008年全国检察机关立案侦查涉农职务犯罪嫌疑人中,农村基层组织4968人,占42.4%,其中农村党支部书记1739人,村委员会主任1111人。

2. 问题产生的原因

(1) 人才匮乏,造成选人难。在城乡一体化和城镇化战略的推进中,越来越多的青年农民转移出农村。党组织在发展青年农民党员和培养村级后备干部方面选择面变小,不同程度地影响和制约了农村党支部书记人选的素质。从调研情况看,某县156个行政村,建立后备干部队伍的村只有72个,仅占46%,后继乏人问题相当突出。

(2) 待遇不高,造成动力不足。一是经济待遇不高,导致工作干劲不足。调查得知,某镇的村干部人均年收入为4022.81元,其中最高的年收入为6471元,最低的年收入为3092元。在影响农村党支部书记工作积极性的原因中,待遇低、压力大占57%。除了收入低,他们几乎没有医疗保障和退休保障(也有支部书记因此而辞职的)。特别是在集体经济实力较弱的地方,工作压力大、任务重、报酬低,产生畏难情绪。二是职务升迁无渠道,导致工作后劲不足。农村党支部书记岗位的政治吸引力明显不足,不是官却做着官的事,是农民却又不能只顾自己,奉献与责任心要求多,政治关怀少,职务升迁无渠道的现实也影响了支部书记的工作热情与后劲。

(3) 经济薄弱,造成工作难做。村级经济薄弱是许多农村党支部书记工作难以开展的一个重要原因。客观上,村级经济发展受制于资源贫乏或资金不足等因素,使一些农村党支部书记想带头发展经济却无能为力;主观上,有的农村党支部书记认为三年换一届,换届能否选上还不一定,对发展集体经济存在止步观望的消极态度,使得村集体经济难以得到发展。也有一些农村党支部书记自身的致富能力不强,带富能力也不强,对集体经济发展更无思路。村级经济薄弱导致一些党支部书记感到工作难做。

(4)教育不够,造成素质不高。一是认识不到位。部分领导干部对农村党支部书记培训工作的重要性认识不到位,少数领导干部轻视和忽视农村党支部书记培训工作,认为农村党支部书记培训工作就是走形式,浪费人力、物力和财力,导致培训难以到位。二是培训财力不到位。由于认识不到位,上级下拨的用于农村党支部书记培训的资金不到位,导致培训工作缩水,无法达到预期目标。

(5)体制不顺,造成权威不高。《中国共产党农村基层组织工作条例》规定,农村党支部是村各种组织和各项工作的领导核心,拥有处理当地公共事务的决定权。《中华人民共和国村民委员会组织法》规定,村民委员会是村民实行自我管理的自治组织,也拥有处理当地公共事务的权力。这就意味着在一个村内同时存在两个管理公共事务的组织。在实际运行中,农村党支部和村民委员会的职能很难明确分工。这就是当前农村"领导核心"与"农村法人"之间出现矛盾的症结所在。如果强调党支部的领导核心作用,党支部就是权力中心、决策中心,村委会则成了傀儡,成了橡皮图章;如果强调村委会的自治性质、法人地位,村委会是权力中心、决策中心,党支部就有可能被架空。农村"两委"矛盾不可避免地导致党支部书记和村委会主任的摩擦与矛盾,而对于发生争权和矛盾时如何裁决又没有明文规定,导致"两委"冲突不断,从而影响到农村党支部书记的权威和工作积极性。

三、加强农村党支部书记队伍建设的长效机制

《中共中央国务院关于实施乡村振兴战略的意见》指出：扎实推进党建促乡村振兴，突出政治功能，提升组织力，抓乡促村，把农村基层党组织建成坚强战斗堡垒。强化农村基层党组织的领导核心地位，创新组织设置和活动方式，持续整顿软弱涣散的村党组织，稳妥有序开展不合格党员处置工作，着力引导农村党员发挥先锋模范作用。把懂农业、爱农村、爱农民作为基本要求，加强"三农"工作干部队伍培养、配备、管理和使用，重点是加强农村党支部书记队伍建设。加强农村党支部书记队伍建设关键是要形成一套有效的体制机制。

1. 健全农村党支部书记选强配优机制

（1）实行民主推荐。在选拔农村党支部书记工作中，要采取党内外结合，组织推荐和党员、非党群众民主推荐相结合的办法。扩大群众的知情权、参与权和监督权，使党组织的选举更加民主、科学、合理。一是要积极推行村党支部书记公推直选。在组织推荐的同时，采取党员个人自荐、党员群众联名举荐相结合的方式，自下而上、上下结合共同提名，激发广大党员的参与热情，给更多符合条件的党员创造平等参与的机会。通过差额推荐、差额考察、差额票决、差额选举，将党性修养好、精神状态好、工作业绩好、群众口碑好和事业心责任感强、工作能力强的优秀党员选拔为村党支部书记。二是要大胆探索村党支部书记公开选拔的方法。对经济困难、问题较多、发展缓慢、人才匮乏、工作长期打不开局面的村，要大胆探索面向乡镇公开选拔村党支部书记的办法。通过厉行公开、平等、竞争、择优，将思想好、点子多、办法活、干劲足的优秀党员选拔到村党支部书记岗位上来。三是要逐步实行村党组织书记后备人选竞争入库。明确报考资格条件，严格考试选拔程序，规范培养管理工作，在做好村党支部书记公推直选的同时，公开选拔村党支部书记后备人选。通过厉行凭能力给位置、以发展论英雄、看潜质用干部，将思想好、潜质好、干劲

足的优秀党员选拔到村党支部书记后备人选中来,为选好配强村党支部书记储备优秀人才。

(2)拓宽选拔视野。真正把那些坚持科学发展有韧劲、谋划科学发展有思路、推动科学发展有激情、实现科学发展有贡献的优秀干部选出来、用起来。一是打破地域、身份、职业界限,破除本村人当本村"官"的传统模式,鼓励优秀人才跨村竞选(担任)农村党支部书记,把符合要求的党员选拔到农村党支部书记岗位上来。二是注重选拔致富能手、复退军人、企事业单位管理人员、优秀大中专毕业生当"村官",充分利用其致富门路广、懂技术、有知识、脑筋灵活等优势,带领群众共同富裕。三是及时将在外务工经商人员中政治素质高、懂经济、善经营、会管理的党员、群众列为村级后备干部进行教育培养。四是从县、乡在岗机关干部中选派懂农业专业技术的优秀年轻党员干部到村担任农村党支部书记。

2. 完善农村党支部书记教育培养机制

(1)加强理论和各类知识培训。按照分级分类、条块结合、全员培训的原则,构建农村干部培训网络,以政治理论、农村实用技术、农村政策法规、村级财务管理、领导科学等基本知识为内容,切实提高农村党支部书记的理论素养。

(2)实施专题培训。针对农村工作实际,聘请有关方面的专家,为农村党支部书记进行农业发展趋势、前沿理论、种植、养殖等实用技术培训和招商引资、国土资源培训、处置突发公共事件、化解矛盾纠纷等公关能力培训,力求使学习内容同农村的经常性工作相吻合。

(3)加强经验交流,实施"难题会诊"。针对当前部分农村党支部书记政策水平不高、作用发挥不明显、"三委"关系欠协调等问题,通过邀请领导、专家解难释疑,组织经验交流和座谈研讨等形式,引导党支部书记正确处理党支部与村委会的关系、村委会与镇政府的关系。

(4)实施"走出去"战略。组织农村党支部书记外出学习锻炼、务工经商,达到学会一项技术、引来一个项目、带回一批信息、输出一批农民的目的。

通过学习培训,努力增强农村党支部书记的学习本领、政治领导本领、改革创新本领、科学发展本领、依法执政本领、群众工作本领、狠抓落实本领、驾驭风险本领。

3. 强化农村党支部书记监督管理机制

(1) 建立岗位目标责任制。在充分征求群众意见的基础上,结合村情,提出农村党支部书记任期目标、年度目标和每年要办的实事,内容包括推动科学发展、带领群众致富、密切联系群众、维护农村稳定、加强农村党支部建设五项职责,同时签订岗位目标责任书。

(2) 健全考核制度。严格实行"年前承诺,年底交账"制度,年底在党员大会和村代会上就支部和本人年度目标任务完成情况进行述职,接受全体党员和村民代表对其进行德、能、勤、绩、廉的考核。科学设置考核项目,准确评价履职情况,检验承诺效果。考核结果作为落实农村党支部书记业绩考核奖励和其他激励措施的主要依据,严格兑现奖惩。

(3) 加大对农村党支部书记的巡察力度。坚持全面从严治党向纵深推进、向基层延伸,坚持党要管党、从严治党方针,对照"信念坚定、为民服务、勤政务实、敢于担当、清正廉洁"的好干部标准和"忠诚干净担当"的要求,通过个别谈话、随机走访、暗访、查阅资料等方式,围绕贯彻执行党的路线方针政策和党委政府决策部署情况,落实党风廉政建设责任制和勤政廉政情况,理想信念是否坚定、政治上是否过硬,是否存在"四风"现象,是否站在群众的立场上想问题办事情,是否廉洁奉公、一身正气,对自己及亲属要求是否严格,是否有贪污受贿、以权谋私、任人唯亲、优亲厚友等方面的情况,对农村党支部书记"全面体检"。

(4) 调整不合格农村党支部书记。由乡镇党委组织党员和村民代表以及离任村干部代表对党支部书记进行民主评议,对其任期内工作实绩和规章制度执行情况做出客观公正的审核评价,把述职评议结果作为年度考核、任免奖惩的重要依据,纳入绩效考核内容,与工资挂钩。针对不同情况,分别采取批评教育、诫勉谈话、督促整改、调整、处理等措施,以形成对农村党支部书记的监察、调整机制。

4. 创新农村党支部书记关爱激励机制

(1) 提高经济待遇。农村党支部书记报酬一般由基本报酬和业绩考核奖励两部分组成。基本报酬按照不低于当地农村劳动力平均收入水平的标准确定,并根据经济发展水平逐年适当提高。基本报酬所需资金由各级财政全额支付,由乡镇设立专户统一管理、发放,保证做到专款专用。业绩考核奖励根据农村党支部书记工作实绩确定。

(2) 强化保障措施。在自愿参保的前提下,按照个人缴费、政府补贴相结合的原则,采取多种方式,为符合条件的在任农村党支部书记办理基本养老保险。对正常离任但没有享受养老保险的农村党支部书记,根据任职年限和贡献,给予一次性离任补助或定期生活补助。有条件的地方,要建立农村党支部书记基本医疗保险、人身意外保险、定期健康体检等制度,提高综合保障水平。

(3) 改善工作环境。结合农村经济社会发展状况,不断规范村级组织活动场所建设,优化布局,强化服务功能,进一步改善农村党组织办公条件。严厉整饬农村家族化势力、黑恶势力的无端报复行为,支持和保障党支部书记安全履行职责,有效开展工作。

(4) 拓展发展空间。加大从优秀农村党支部书记中选拔乡镇领导干部、考录乡镇公务员、事业单位工作人员力度。对下派担任农村党支部书记的机关干部,实绩突出、群众公认的,在同等条件下优先晋升职级和提拔使用。特别优秀的农村党支部书记可进入乡镇党政班子,继续兼任农村党支部书记。定期评选表彰和宣传一批敬岗爱业、甘于奉献、业绩突出的农村党支部书记先进典型,授予荣誉称号,给予物质奖励,营造良好的社会氛围。

完善乡村治理体系是乡村反腐败的根本路径

程传兴①

摘 要：党和政府历来重视农村工作，尤其是党的十九大把解决新时代"三农"问题作为全党工作重点之后。随着一系列惠农、强农、扶贫政策的推出，国家对农村的投入不断加大，农村可供调配的资金、资产、资源和经济社会建设项目逐渐增多，乡村腐败问题也凸显出来。乡村腐败发生在老百姓身边，直接损害群众利益，危害极大，广大群众深恶痛绝，我们必须加以警惕和防范。本文分析了当前乡村腐败的现状和成因，尤其是一些新的特点和突出问题，并提出了相应的解决措施和办法，为实现乡村有效治理提供了有价值的借鉴。

关键词：乡村腐败；乡村治理；路径

习近平总书记在党的十九大报告中明确提出"实施乡村振兴战略"，总目标为"产业兴旺、生态宜居、乡风文明、治理有效、生活富裕"，这是解决新时代"三农"问题的重大战略，是全党工作的重中之重。党的十八大以来，我国农业农村经济发展稳中向好、稳中向新，为中国经济社会的持续健康发展夯实了根基，农业更绿色，农村更宜居，农民更富裕。在看到乡村建设取得巨大成就的同时，也有一些问题凸显出来，随着国家政策向乡村的倾斜，尤其是一系列惠农、强农、

---

① 程传兴：河南省经济学会副会长，河南农业大学新农村发展研究院院长。

扶贫政策的推出,乡村腐败问题有抬头蔓延之势。乡村腐败发生在老百姓身边,直接关系到广大农民的切身利益,容易引起民怨,也容易损毁党和政府的形象和公信力,更关系到农村的经济繁荣和政治稳定,所以我们必须加以警惕和防范。

一、当前乡村腐败现状

1. 乡村腐败问题增多

乡村干部在基层治理中发挥着重要作用,近年来,乡村干部的腐败问题引起了中央高度重视。赵乐际在十九届中央纪委二次全会上指出,要坚决整治群众身边腐败问题,重点整治侵害群众利益的"蝇贪"。"蝇贪"成群,其害无穷。整治群众身边腐败问题,重点在农村。十八届中央纪委向党的十九大的工作报告中显示,5年来,全国纪检监察机关共处分村党支部书记、村委会主任27.8万人。随着扶贫、惠农政策越来越多地出台,国家对农村的投入不断加大,农村可供调配的资金、资产、资源和经济社会建设项目逐渐增多,"苍蝇"也多了起来,必须紧盯涉农这一重点领域和村(居)干部这一重点群体,重遏制、强高压、长震慑,持续加大农村基层腐败整治力度,打通全面从严治党向基层延伸的"最后一公里"。

河南省是农业大省,也是人口大省,那么如何才能让权力"走好最后一公里",更好地服务群众?早在2014年,就河南省纪委乡村专项治理基层腐败问题的数据显示:2014年,查结案件3263件,查实案件3155件,处理违纪人员3816人,其中县处级18人、乡科级507人、村党支部书记(村委会主任)1501人。乡科级干部和村党支部书记占到查处人数的52.6%。

在全国各地的巡察中也发现,农村基层干部在村集体"三资"管理、发展资金使用,农村危房改造指标分配,贫困户、低保户申请和扶贫款使用等方面存在弄虚作假、以权谋私、优亲厚友等突出问题。乡村腐败问题已成为各级纪检部门关注的重点。

2."微腐败"突出

乡村腐败大多金额不大,特点一是小,二是多,所以称为"微腐败"。小是指乱用公权事小,小到人们容易忽视它的存在,比如接受点土特产,收取一盒烟、一瓶酒,甚至拿把菜;多是乱用公权行为比较普遍,比如为人办事时吃喝点,检查工作时捎点,大家认为这些行为微不足道,对此放之任之,纷纷效仿这种行为"方便"行事。"微腐败"大多金额不大,但危害直接,涉及面广,损毁领导干部形象,败坏社会风气,它一旦成为乡村干部的一种生活方式、生活态度,便危害极大,动摇根本。

3.一些村庄还存在贿选问题

村级干部是落实国家政策、推动农村工作的主导力量。村干部的优劣,直接影响农村工作开展的好坏。自1988年6月颁布实施《村民委员会组织法》以来,全国60多万个村委会实现了民主直选村民委员会,直接选举成为村民自治的一项重要内容,是我国社会主义基层民主建设进程中取得的巨大进展。但是,近年来在村委选举中也出现了一些影响和破坏正常民主选举的现象,贿选就是其中重要的一种。贿选是候选人及其亲友直接或间接指使他人用金钱、财物及其他利益收买选举人、选举工作人员或其他候选人的行为。比如:广东省江门市新会区洋边村原村委会主任林文聪贿选案,海南省三亚市崖州区北岭村原党总支书记、村委会主任刘卫拉票贿选案,江西省赣州市定南县历市镇金鸡村党支部委员候选人谢日祥拉票贿选问题,江西省赣州市岭北镇中湖村党支部委员候选人郑启坤拉票贿选问题,河南省郑州市航空港经济综合实验区张庄办事处宋庄村贿选问题等。

面对严峻的形势,2018年3月至6月,在河南省村(社区)"两委"集中进行换届时,省纪委、省监察委、省委组织部、省民政厅联合印发了《关于严肃村(社区)"两委"换届选举工作纪律的通知》,要求规范竞选行为,严格选举程序,增强法纪意识,严肃换届纪律,确保村(社区)换届选举风清气正。

4. 职务腐败小集团化

乡村腐败经济问题突出。长期以来,村级自治组织一直处于政府监管的边缘地带,村两委"一把手"往往掌握着村庄管理的绝对话语权。不少农村基层组织财务管理混乱,不记账、不查账,公共财物怎么用,全凭村干部说了算,导致村干部以权谋私、搞特殊化,侵占集体财产的现象频发。比如:通过隐瞒收入不记账、虚列支出、开假票据、开白条和重复报销等方式贪污集体资产;在出租、转让、发包集体所有耕地、林地、矿山、滩涂、荒地等过程中接受商业贿赂;扣留、截留、挪用和私分承包款,征地补偿款,救灾、救济款,退耕还林款和扶贫款等。在最近的乡村腐败案件中,乡村腐败小集团越来越多,尤其是在经济相对发达地区,由于征地补偿款数额巨大,甚至出现村委班子成员集体腐败的窝案。

5. 宗族文化、黑恶势力影响明显

宗族本是封建社会维护统治的组织力量,改革开放以后,随着经济的发展,宗族势力在有些地方重新抬头。黑恶势力则是通过非法手段获取利益,如用恐吓、打击报复等手段威胁群众安全以达到其获得不正当利益的目的。上海大学黑洁锋的硕士论文《农村基层腐败治理问题研究——以邓州市为例》中有一项调查,"认为宗族、亲戚对村委选举是否有影响",结果认为影响较大和影响很大占到了67.1%,说明多数村民认为宗族势力对基层选举的影响还是比较大的。如果村干部主动或被动地与宗族、黑恶势力勾结,则会形成"官员的宗族、黑恶化"和"宗族、黑恶化的官员",这对乡村基层建设是毁灭性的,不仅影响基层选举,而且对农村的政治生活、经济发展、生活秩序的影响也极大。

二、形成乡村腐败的原因

1. 基层党组织主体责任落实不到位

基层党组织是党在社会基层组织的战斗堡垒,是党的全部工作和战斗力的基础。党的十八届三中全会指出:"落实党风廉政建设责任制,党委负主体责任,纪委负监督责任。"在我国广大乡村,农村党支部担负着党风廉政建设的主体责任,但是由于思想重视不够、责任落实乏力、监督检查缺位,当前仍有部分党支部不能正确履行主体责任,导致乡村腐败易发多发,严重影响党在农民群众中的形象和声誉。"九层之台,起于累土",农村党支部作为党在乡村的基层党组织,唯有主动担当落实好主体责任,方能守好人民群众感受党的先进性和纯洁性的"第一扇窗"。

2. 乡村法治建设不健全

随着全面依法治国基本方略的深入推进,我国的民主法治建设迈出重大步伐,全社会的法治观念明显增强。然而,在一些农村地区还存在不同程度的法制缺位现象,主要体现在:第一,农村村民整体文化素质不高,法治观念不强,法律运用能力差,不能有效行使选举权、监督权等法律赋予的权利。第二,乡村执法难度比较高,执法力量薄弱,监督力度不够。第三,一些地方乡土势力严重威胁村"两委"正常开展工作,给村庄的民主与法制建设带来了强大阻力。

3. 乡村监管体制不完善

法国著名启蒙思想家孟德斯鸠在《论法的精神》中指出:"一切有权力的人都容易滥用权力,这是万古不变的一条经验……要防止滥用权力,就必须以权力制约权力。"目前,在我国的现行管理体制下,农村实行基层群众自治制度,村干部作为乡村的主要管理者,并未纳入公务员的管理范畴,所以纪检、监察等部门无法对其进行全面有效的监管,而乡镇党委和政府作为直接领导部门更注重对其进行业务安排,往往疏于监督和管理。另外,在具体的内部事务管理中,村党支部书记、村民委员会主任"一肩挑"现象很普遍,权力过分集中,"一言堂"现象很严重,使民主流于形式,而村务公开制度在具体执行中也并未落实到位,存在不想公开、不愿公开、不敢公开的情况,村民无法获取村务管理中的真实信息,村民的监督作用也无法发挥。乡村民主决策、民主管理、民主监督的实行不尽如人意,缺乏对村干部的有效监督和管理,给滋生腐败留下了空间。

4. 农村干部自身局限性

目前,从全国范围来看,农村干部主要以本村的农民为主,大多文化层次不高,凭着主观想法开展工作,缺乏理论指导。不少农村干部受传统"官本位"思想的影响,把自己的职务看作是从政的途径和敛财的工具,在村子里作威作福、鱼肉乡亲。另一方面,农村干部受成长环境制约,政治意识和法治观念普遍淡漠,缺乏对公共权力的敬畏之心,无法划清腐败的界限、看清腐败带来的后果,面对物质的诱惑缺乏自制力,拒腐防变的意识和能力较弱。

5. 社会文化的负面影响

长期以来,宗族文化对村民政治生活的影响很突出,给腐败的滋生创造了土壤。其主要表现在两个方面:一是宗族意识主导下的选举结果为乡村腐败埋下隐患。在宗族型村庄里,村民选举常常演化成为各宗族势力之间互相制衡和博弈的活动,以致选举行为偏离民主选举的理念。二是宗族"人情"和"互助"文化助长腐败。在宗族文化影响下,村民的交往过程就是讲究和践行"人情"理念的过程,规则和制度常常"让位"于以血缘亲疏远近为基础而建立起来的宗族关系。宗族文化与现代村民自治理念在互相博弈和渗透中不经意间改变了乡村治理制度设计的本来面貌,使得选举制度带有浓厚的宗族色彩,监督制度常常失灵,腐败犯罪也就随之发生。

三、消除乡村腐败的根本路径

在党的十九大报告中,习近平总书记针对乡村振兴提出,乡村的有效治理要通过自治、法治、德治来实现。笔者认为,乡村有效治理的路径也是治理乡村腐败的根本路径。

1. 完善自治,用民主决策和民主监督规范权力运行

消除乡村腐败,首先需要完善自治,村干部要时刻自重、自省、自

警、自励,确保权力在民主决策和民主监督下运行。首先,保证村民的民主决策权落到实处。目前村民自治制度在实施过程中还存在许多不足之处,因此需要把村内事务民主决策的事项和程序制成具体的条文挂到墙上,接受群众监督。这在一定程度上可以减少村务决策中少数人做主的情况,真正保障村民的民主权利。其次,乡村基层组织要加强对干部的管理监督,没有权力的监督是无效的监督,特别是对权力运行的监督必须以权力做后盾。没有监督的权力必然会导致腐败。因此,相关部门要管理好、监督好,让农村干部始终有如履薄冰的警觉。

2. 完善法治,用法律维护农民合法权益

针对当前农村问题无章可循、干部贪腐等问题,需要相关部门将国家法律法规与农村实际相结合,将村内重要事务的办理以工作流程的形式加以固定,为村干部决策执行提供具体依据。同时,完善法治,一方面需要农村干部懂法、守法;另一方面需要农民懂法、守法。首先,农村干部应带头学习法律知识,形成正确的法律常识,认识到触犯法律的严重性,促使农村干部正确行使手中的权力,这一定程度上也遏制了农村的贪腐现象,同时可组织村干部以实地旁听司法机关审判的形式开展警示教育活动,让法治观念深入人心。其次,农村基层组织应在农村加大对基本法律的宣传力度,使更多的农民了解法律,增强自身法律意识。这不仅能够使农民自身遵守法律,而且可以促使农民用法律武器维护自身合法权益,起到威慑村干部的作用。

3. 完善德治,让廉政观念深入人心,形成风清气正的社会风尚

古语云:"君子之德风,小人之德草。"我们首先要加强对农村领导干部和农民党员进行的廉政教育和廉洁教育,充分发挥党员领导干部的先锋模范带头作用,形成有利于反腐倡廉建设的文化氛围,使廉政观念深入人心,形成风清气正的社会风尚。从根源上消灭农村腐败,使其失去赖以生存的土壤。而要铲除农村"腐败文化",则需要从农村的党风廉政建设着手,使得廉政文化传播到农村的每个角落。

首先,加强理想信念教育,坚定村干部为民服务、造福农民的信念,充分利用党的群众路线教育实践活动成果,大力开展社会主义核心价值观教育活动,在农村营造廉洁氛围;充分发挥村党支部的作用,积极组织开展丰富多彩的党性教育活动,从而增强广大农村干部的廉政意识和公仆意识。其次,定期组织农村干部学习贯彻《廉政准则》和新修订的《中国共产党纪律处分条例》等,并相互交流心得体会,从而让廉政文化在农村茁壮成长,增强农村干部拒腐防变的坚定性。

4. 完善队伍,培养懂农爱农乡村管理人才

我们党历来高度重视选贤任能,始终把选人用人作为关系党和人民事业的关键性、根本性问题来抓。治国之要,首在用人,即古人说的:"尚贤者,政之本也。""为政之要,莫先于用人。"在坚持党管干部原则的前提下,按照组织程序,在农村中选拔最优秀的人,培养懂农爱农的乡村管理人才。选拔时重点选择党性观念强、政治素质高、清正廉洁、群众拥护的优秀党员。同时,适当拓宽选人、用人思路,把办事能力、组织能力和社会活动能力较强、善于带领广大农民致富的先进分子纳入选拔的视野。努力把村级领导班子建成素质高、作风正、能力强的队伍,带领群众共同实现中国梦。

参考文献

1. 刘振滨,林丽梅,曾起郁,郑逸芳:《乡村治理进程中村干部腐败的成因及防治对策》,《福建农林大学学报(哲学社会科学版)》,2016年第3期,第24—28页。

2. 范柏乃,安慧霞,江蕾:《我国乡村干部的腐败问题及其治理对策研究》,《公共管理学报》,2007年第3期,第70—75页。

3. 黑洁锋:《农村基层腐败治理问题研究——以邓州市为例》,上海大学,2015年。

进一步推进国家监察体制改革的对策

蒋来用①

《中华人民共和国监察法》获得通过,国家监察委员会成立,标志着以设立监察委员会为阶段性任务的国家监察体制改革已经顺利完成。在国家监察体制改革的所有目标中,比较难实现的就是"高效"。在国家监察体制第一轮改革顺利完成之后,应将重心放在"高效"目标的实现上,推动国家监察体制改革从1.0版向2.0版改造升级,迅速释放改革成效。

一、"高效"应包括高效率和效果好两层含义

目前对国家监察体制改革"高效"目标的理解,主要有两种:一是从工作过程来理解,认为"高效"指工作效率高,单位时间内完成的工作量多;二是从工作效果来理解,认为"高效"就是指工作结果有效。高效率一般多用工作数据来显示,比较直观简便但容易人为操纵,可能会滋生形式主义。工作过程数据往往具有"两面性",容易陷入逻辑困境,如立案、党纪政务处分人数等增多表明工作力度加大或者工作效率提升,但也可能表明问题更多或腐败更严重。因此,单独以工作过程数据来说明工作效果,容易忽略群众的"获得感",脱离群众真切感受。虽查处了很多腐败和不正之风问题,处分了大量党员干部,

---

① 蒋来用:中国社会科学院中国廉政研究中心秘书长,社会学所廉政研究室主任。

但社会公众仍然觉得不满意,主要原因在于大家在子女上学、看病就医、就业升学和争取项目资金等方面仍要找关系,甚至行贿。社会公众虽然关注反腐败的过程和力度,但更关心的是实际效果。

用腐败和不正之风治理的实际效果作为检验国家监察体制改革高效的标准,符合国家治理的理念和要求。腐败和不正之风产生的原因复杂,要从根本上解决这个问题,需要国家治理现代化水平和能力的全面提升和完善。以效果为衡量标准将倒逼主体责任和监督责任单位的工作更加务实高效,措施更加有针对性。十八大以来,从中央到地方,越来越多的纪检监察机关开始委托第三方对党风廉政建设和反腐败状况进行问卷调查,将公众的满意度和信心度等作为衡量腐败治理效果的重要标准,更多地听取民意,关心群众对反腐倡廉建设的"获得感",实践证明这个方向是正确的。

我们认为,国家监察体制改革的"高效"目标同时包括了高效率和效果好两层含义,既要求改革后的监察机构高效率运转,解决力量分散、效率低的问题,同时要求效用最大化,实现有效遏制腐败的目标,减少腐败存量,遏制腐败增量,赢得群众的支持和认可。在当前的环境下,国家监察体制改革则要更多地关注实效性目标。

二、当前实现国家监察体制改革"高效"目标的障碍

第一,"两支队伍"融合好是迫切需要解决的现实问题。检察院实行员额制,检察官收入水平高于纪委同行政级别的干部。为保证转隶顺利进行,各地对检察院转隶人员采用待遇保持不变的过渡办法,大部分地方转隶的检察院干部仍在原单位领取工资,这些办法虽然暂时有利于缓解收入差距的矛盾,但检察院转隶过来的干部与纪委干部"同工不同酬",此问题如不妥善解决好,不但会影响原来纪检监察干部的积极性,而且会增加检察院工作协调和管理的难度。为了让"物理融合"产生"化学反应",各地采取了不少措施,如将转隶人员打散分入纪委各个科室、加大培训学习、组织联合活动等,这些措

施对加快"两支队伍"相互"认脸"很有帮助,但"两支队伍"最难融合的是长期形成的思维方式、知识结构、行为方式、工作习惯,从"人相识"到"心相通",还要继续努力。

第二,纪检监察系统内部"用力不均"影响整体效果。纪检监察系统是一支力量庞大的队伍,人员编制数量占公务员编制数量较多,但存在比较突出的问题是"用力不均"。省以上纪检监察机关权威高,但往基层走,监督执纪力度和权威性就不断下降。尤其在乡镇纪委,由于监督执纪手段有限,监督有效性明显不足。另外一个短板就是派驻机构。从中央到县四级纪委监委都设有纪检监察组,派驻机构人员编制与纪委监委机关大体相当,有的甚至多于纪委监察机关,但派驻机构的权威性和有效性不够,派驻监督并没有产生巡视监督"利剑"般的威慑力。

第三,动力机制缺乏或不足影响国家监察体制改革效果。目前对领导干部强调理想信念和道德自律,通过问责、约谈等制度落实层层传导主体责任和监督责任压力,这些措施已经取得了比较明显的成效,但也存在问题和不足。各类廉政教育、警示教育长年不断开展,投入大量人力、物力和精力,但"两面人"现象较多,台上一套台下一套,知行分离,有的干部一边受教育或教育别人,又一边搞腐败。自上而下层层压力传导,利用组织优势可能很快见效,但受社会环境的影响压力传导效力递降,越往基层越弱。实践中常常出现反腐败周期性"踩油门"现象,紧一阵之后松一阵,过几年又紧一阵。国家监察体制改革应该要探索形成比较稳定的动力和压力及传送机制,保持反腐败力度和效度的均衡性和持久性。

第四,评估机制缺乏让国家监察体制改革效果直观展现的工具。目前对于政府及其部门某项政策绩效的评估并不少见,但对于监督政策实施进行评估往往是"禁区"或"雷区",很少有机构愿意涉足,其主要原因是政治敏感性不强,透明度较差,评价风险较大。纪检监察系统长期以来已经在社会公众心中形成了神秘性的刻板印象,虽然党的十八大以来实施"开门反腐",中央纪委监察部主动带头网上公开部门和机构职责等信息,但相对于政府部门而言,公开程度还不够。由于第三方不敢或不愿对纪检监察工作绩效进行评估,一些地方纪委监委探索建立了评估指标体系并进行了自我评估。这些地方的评估实际上是纪委和监委内部自上而下组织和实施的考核检查,缺乏第三方参与,评估过程和结果严格保密,完全"闭门"进行,社会公众不能参与。指标体系主要是工作过程的指标,缺乏群众满意度、认可度等方面的评估,评估报告也没有向社会公开,因此对提升监察体制改革有效性的作用比较有限。

三、实现国家监察体制改革"高效"目标的对策建议

1. 建立监察官职业体系调动纪检监察"两支队伍"积极性

融合"两支队伍"有多种方式,其中一个重要内容和方向就是推行监察职业化、工作标准规范化,防止纪检人员和转隶人员分"你""我",面对共同的困难只有"我们",在动态改革调整中加快"两支队伍"的融合进程。可考虑制定《中华人民共和国监察官法》,建构监察官职业体系,用监察职业化和标准化来解决工资差距、人员融合和业务衔接等内部管理难题。创设监察官职业体系,并利用这个难得的改革机会,调动"两支队伍"的积极性,提高监察业务的规范性。监察官必须要取得全国统一的职业考试资格,全国统一设立门槛标准。只有监察官才能从事监察业务,未获得监察官职业资格的人员,只能辅助监察官开展监察工作。监察官的待遇与非监察官的待遇区别开来,监察官内部分多个档次,收入层次合理拉开,设立监察官成长的合理预期。要严格控制监察官的职业标准,通过职业考试不断提高监察官队伍的业务素质和能力。对纪委监委中不能取得监察官资格又不愿从事辅助业务的人员,要建立人员分流机制和社会保障机制,保证监察队伍有进有出。

2. 让派驻机构和乡镇监督机构更好发挥作用

继续深入推进派驻机构改革，探索新的全覆盖实现方式，可以考虑将一部分派驻纪检监察组转化成为巡视组的方式，增加监督执纪的随机性和有效性。驻在部门担负起主体责任，主动承担教育宣传、制度建设、预防腐败和风险防控等工作。派驻纪检监察组继续转职能、转方式和转作风，进一步收缩战线，聚焦监督、执纪问责和调查处置。加强派驻监督、审计监督和巡视监督之间的协同配合，避免监督执纪雷同，加强监督信息共享，在尽量不增加被监督单位负累的情况下，提高监督及时发现问题的精准度。监察体制改革后，乡镇纪委改革要相应进行调整，可以采用县级监委派出监察员、派出监察所等方式，与乡镇纪委合署办公，赋予其可以使用相应监察手段和措施的权限，提高乡镇一级监督机构的监督执纪能力。

3. 尽量降低反腐败成本让廉政建设效果持续稳定释放

中国共产党坚持实行群众路线，一切为了群众，一切依靠群众，应该将群众参与和评价作为各个部门和机构履职尽责的根本动力源泉。要加大党务政务公开及其检查力度，让权力在阳光下运行，保障群众的知情权。畅通信访举报途径，建立对举报人的保护和奖励制度，严肃查处跑风漏气等违反办案工作纪律的行为。适应网络和智能手机快速普及的发展形势，合理调配信访举报处置力量，相应增加网络举报处理的人员和经费，保证举报电话和举报网络 24 小时畅通，及时有人回应。继续加强网络舆情的跟踪、搜集、分析和研判，积极回应网民关切。反腐败形势的彻底转变需要社会文化土壤的净化。加大诚信社会建设，大幅提升腐败违法和不诚信的行为成本。鼓励和支持专家学者参与，加强廉政学学科建设，将反腐败制度和规律变成比较稳固的知识体系。在高校设置廉政学专业，开设廉政学课程，设立廉政学学士、硕士和博士学位，为监察机关系统培养高素质人才，让廉洁理念进入青年学生头脑。

4. 建立监察体制改革的第三方评估机制

评估主体直接影响评估结果的公信力。评估最好由第三方进行而不是纪委监委自己进行，可以由人大组织或者人大授权科研机构、高校等监察体制对改革效果进行评估。评估标准上，不仅要看工作过程指标，如信访举报数、初核数、立案数、结案数、处分数和谈话函询数等，还要看群众的满意度、获得感、认可度、知晓度、信任度和信心度等结果指标。评估方法上，既要看客观的工作数据和资料，同时也要有问卷调查、田野调查、实地访谈等方式，既要有定性的判断，还要有定量的分析。